永千絵

父「永六輔」を看取る

宝島社

2016年8月30日、青山葬儀所で行われたお別れの会で遺影として使用された写真。
お別れの会には関係者約300人、一般参列者約800人が訪れた。

上：TBSラジオのスタジオで資料などに目を通す。本番前に緊張感が漂うが、靴を脱いでそれを和らげる。（1971年3月）

下：「中年御三家コンサート」のリハーサル場面。ビートルズに次いで武道館が満員になったという。左から小沢昭一さん、野坂昭如さん、永さん、そして中山千夏さん。（1974年12月）

上：父親の忠順さんと散歩をする永さん。その表情には“息子”に帰った安堵感が滲み出ている。（1972年5月）

下：マンションの地下に設けられていた卓球場で、親子でプレイを楽しむ。左から娘の千絵さん、麻理さん、妻の昌子さん、そして永さん。（1972年）

上：伊東のアマチュア野球団の一員になり、グローブをつけてプレイする。（1972年1月）

下：週刊誌の連載の仕事にて、「山笠祭りがあるから博多に行こう」という永さんの提案で編集者とともに行ったとき。博多祇園山笠で土居流のハッピと褌、地下足袋に鉢巻の装束で男衆に交じって気合の声を上げる。（1971年）

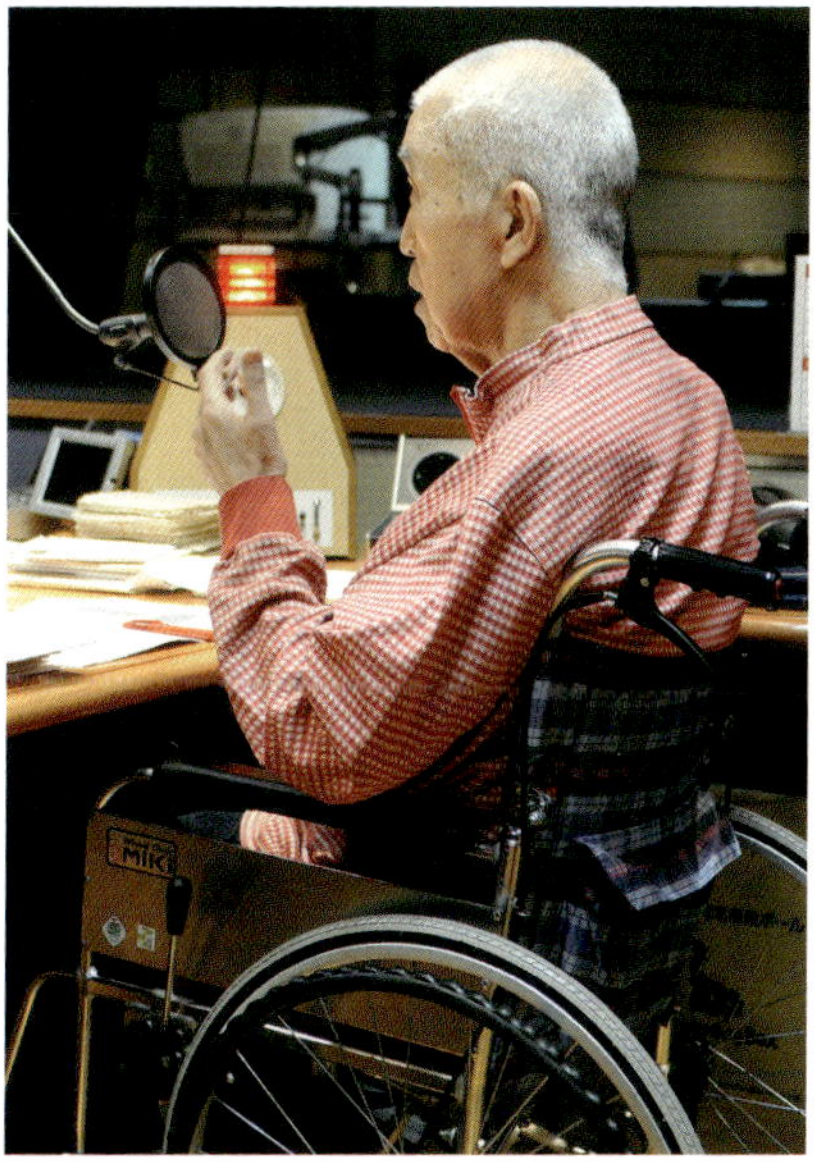

上： TBSラジオ『誰かとどこかで』収録中の永さん。カメラマンが事前に写真を撮りたいと伝えると必ず、藍染めの作務衣や刺し子を着てやってきた。(2008年10月)

下： 月～金曜日放送の『誰かとどこかで』は2013年9月、46年に及ぶレギュラー放送を終了。その後は年4回の特番『永六輔の誰かとどこかで』に衣替えしたが、車椅子のままスタジオ入りして収録するようになった。(2014年5月)

天井まで本や資料で埋まった自宅の書斎。手前の椅子に座って仕事をしていた。小さなテレビはあるが、携帯電話を持たなかった永さんらしく、パソコンの類いは見当たらない。(2017年1月)

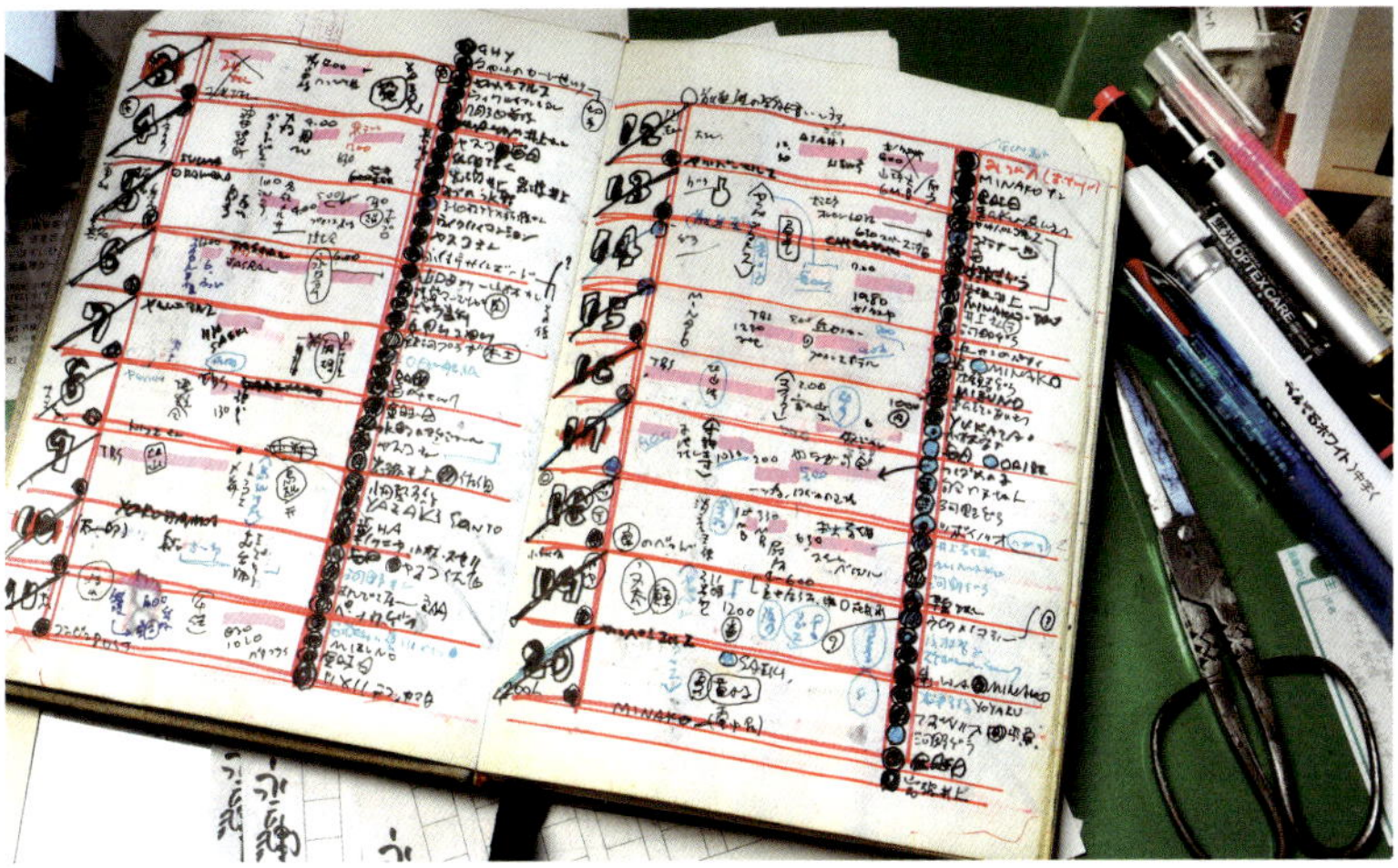

①

③

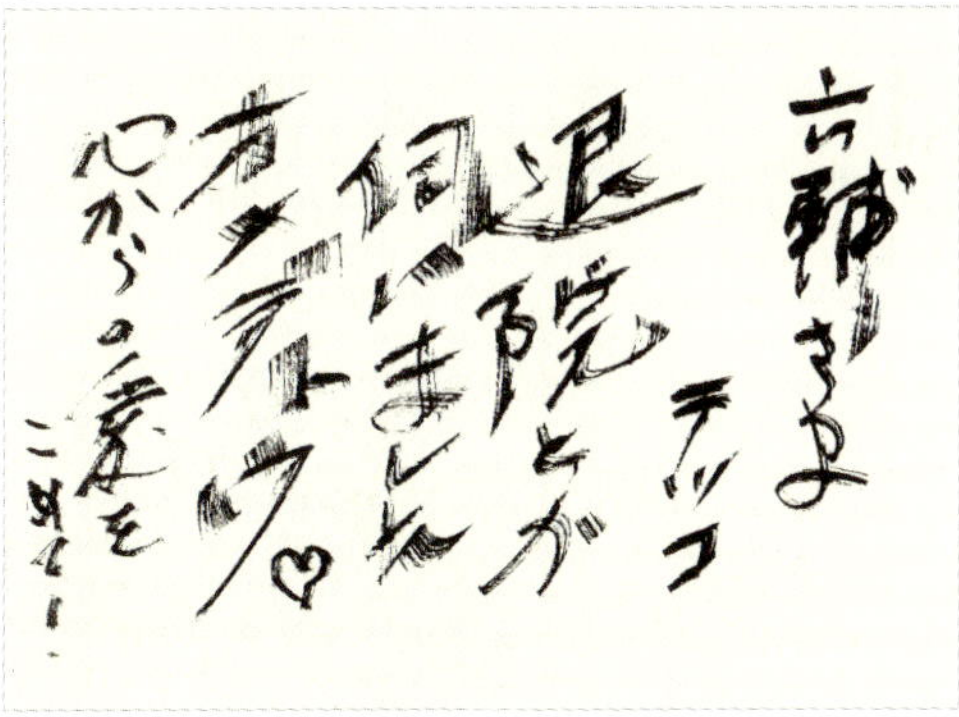

②

① 永さんが愛用していた手帳。1ページを9等分に仕切り、予定がぎっしり。別のページにはラジオや講演などで話すメモや、その日の出来事や行動の記録などが書かれている。（2017年1月）
② パソコンやワープロを使わない永さんの原稿はすべて手書きだった。そしてもっとも多く使うのが赤いペン。スタジオや舞台で台本に手を加えるときも必ず赤だった。書斎のペン立てにたくさんの赤ペンが残されていた。（2017年1月）
③ 亡くなる半年ほど前、病院から自宅に戻った永さんに黒柳徹子さんがファクスで送ってきたお見舞いの言葉。ベッド脇の壁に貼って眺めていたという。（2016年7月）

カメラを向けても笑顔が少なくなっていた時期。
「床屋さんに行ってきたみたいだから、いっぱい撮らせてね」とカメラマンが声を掛けると、
「ダメだよ、僕は写真が嫌い」と答えながら顔がほころんだ。（2014年5月）

P1＝写真提供・TBSラジオ、P2～4＝撮影/キャプション・大石芳野、P5～8＝撮影/キャプション・中井征勝

父「永六輔」を看取る

はじめに

皆さんの〃六輔《ろくすけ》〃とわたしの〃孝雄《たかお》〃の間で

「人間って、ホントに死ぬんだねぇ！」

二〇一六年七月七日に八十三歳で父が亡くなり、それから十日ほど経った頃、久しぶりに会った友人が、わたしの顔を見るなり、こう声を掛けてきた。

聞きようによってはなんとも容赦のない、身も蓋もない言葉のようだけれど、そのときのわたしには、それまでの十日間、ほかの誰に掛けられた言葉や慰めより、すとん、と胸に落ちた。

「ほんとだね。まさか死ぬとは思わなかったよね！」とわたしも答えて、思わずふたりで笑ってしまった。

父が亡くなった二〇一六年七月以降、わかっていたはずの父の存在の大きさにあらためて気づかされた。

テレビ局に勤めていたことのある妹の麻理《まり》は、テレビをはじめとするマスコミに対処する方法を知っていたし、世間にちょっと知られた誰かが死ねばマスコミがどう反応するのかということも知っていて、そのことを冷静に受けとめているように見えた。姉のわたしが「なぜ我々がそんな対応をしなければいけないのか」「これは、我々の父の〝死〟で、わしい（わたし）にとっては非常に個人的な〝死〟なのに、なぜ周囲に振り回されなければならないのか」と、いちいちきりきりするのを、麻理は呆れて見ていたに違いない。

いつの頃からか、麻理は〝六輔〟を、わたしは〝孝雄（＝父の本名）〟を担当しているのだ、と勝手に考えるようになっていた。〝六輔〟と〝孝雄〟は間違いなく同じ人間なのだが、分けて考えることで、自分にも間違いなく父親がいたんだ、とわたしは思い込もうとした。

父は若い頃からいつも仕事で、ほとんど家にいなかった。

日本全国津々浦々の知り合いや友だちに会いに出かけては、そこで仕入れた面白い話、楽しい話、ときには腹立たしい話などを東京に持って帰ってきて、ラジオで話をする。それは皆さんの〃六輔〃だった。皆さんに思われ、慕われ、ときには憎まれたり妬《ねた》まれたりもする、全部ふくめての〃六輔〃だ。

どうも世間的には〃六輔〃として知られている、わたしの父親でもある人間。しかし、生物としての活動を終えれば、ひょっとしたらその後は、ようやく〃孝雄〃としてだけ存在できるのではないか、いや存在してほしい、とわたしは思っていた。

が、とんでもない。

テレビをつけると、父が映っている。

ラジオからは父の作詞した歌が流れてくる。

新聞、雑誌を開くと、いきなり父の写真が目に飛び込んでくる。

亡くなってしばらくの間はそれも仕方がないと思っていた。しかし、その後も、こちらが無防備なときに、突然、死んだ父親が目の前に現れるのには、参った。わたしの想像をはるかに超えて、わたしの知らないところで、〃六輔〃の存在は、どんどん大きく、どんどん遠くなっていった。

自分の父〃孝雄〃なのに、わたしが思っている以上に多くの皆さんが父〃六輔〃を慕って、父〃六輔〃を思ってくれる。その思いの大きさ、強さは本当にありがたいのだが、実を言えば〝孝雄〟の子であるわたしには、その思いがうっとうしくて仕方がなかった。

重すぎた皆さんの思い

二〇一六年八月三十日に、父の同志である黒柳徹子《くろやなぎてつこ》さんが発起人代表で行われた「六輔 永《なが》のお別れ会」には、我々家族が直接よく知る方たちが大勢来てくださったのと同時に、日本全国のあちらこちらから本当にたくさんの方が参列してくださった。

父を通してお名前だけ存じ上げている方たち、あるいはラジオを通して父とつながっていた方たち、父が全国でお手伝いしていたいろいろな活動に関わっている方たち。本当に申し訳なく恥ずかしいことだったが、とても皆さん全員のお名前、お顔は覚えきれるはずもなく、ただひたすら、父を思って、父を偲《しの》んでくださるその方たちに、わたしは頭を下げ続けるしか、できることがなかった。

皆さんが涙を流したり、本当につらそうな表情を見せてくださることに感動はしたけれど、それにはどうにも応えようがないことはわかっていたので、そういう意味でも本当に申し訳ない気持ちでいっぱいだった。こうした思いに応えることは、もう誰にもできないのだ、とわたしは心の中で言い訳をしていた。父にしか応えることができない。皆さんの思いは、わたしには重すぎた。

ナンニ・モレッティ監督の『母よ、』というイタリア映画を試写会で観たのは、二〇一五年の暮れだったかと思う。

主人公はある家族の兄と妹。そこに自宅での介護が必要な母親が登場する。妹は映画監督として時間に追われる忙しい日々を送っているので、兄がもっぱら母の面倒を見ることになる、という設定の映画だった。この兄の役を演じているのが、監督でもあるナンニ・モレッティだ。

この映画を観た当時は、「へぇ、息子が親の面倒を見るんだ。別に娘じゃなくちゃいけないっていうわけじゃないし、それもありだよね。世界中に、こういう親子がいっぱいいいて、現在進行形で、みんながそれぞれ違う事情を抱えながら、大変な思いをしているんだな」とだけ思っていた。

この映画を観直す機会があったのは、父が亡くなった翌年。最初に観たときにはするっと聞き流してしまったセリフにあらためて気づいて、はっとした。

物語では、病院から自宅に移った母親が、兄妹の介護の末に、やがて亡くなる。教師だった母親の生徒たちが家を訪ねてくる場面があった。一度目に観たときには、自分が当時直面していた介護の場面ばかりが印象に残って、そんな場面があったことすら忘れていた。訪ねてきた生徒たちは、家族に向かってこう言うのだ。

「嫉妬しないでくださいね。あなたのお母さまはわたしたちの母親でもあったんです」


これは、お別れの会で、わたしが頭を下げ続けた相手の方たちからの言葉のように聞こえた。嫉妬、という言葉はちょっとキツいようにも思うが、この気持ちは、嫉妬かもしれない。わざわざお別れを言いに来てくださった方たちに、わたしは「あなたの父親は、あなただけの父親ではなかったんですよ」と言われていたのかもしれない。

わたしの父なのに、わたしだけの父ではなかった。わたしは生物学的に血を継いでいるだけだ。父の意志や生き方が、どれだけ多くの方たちに継がれているか、継いでいただいているか。

あらためて父の大きさに呆然とした。

〝父＝孝雄〟が存在したことを確認するため

父が死んでしばらくの間は仕方がないと思ってあきらめていたのだが、困ったことに、どれだけ時間が経っても、未だに〝六輔〟としての父の写真や、〝六輔〟という文字をまともに見ることができないでいる。

父がどんどん大きく遠い存在になっていく、という感覚もとまらない。〝孝雄〟という文字なら正視できるのに。

うちでは、娘も孫たちも義息たちも、父のことは「孝雄くん」、母のことは「昌子《まさこ》さん」と呼んでいた。いつからこういう呼び名になったのかはもう思い出せないが、わたしが小学生の頃には「パパ」「ママ」、その後しばらくは「お父さん」「お母さん」になり、いつの間にか、両親のことを名前で呼ぶようになっていた。孫たちが生まれる前のことだ。孫たちも我々にならって「ねえねえ、孝雄くん」とか「あのねえ、昌子さん」と言うようになった。

孫たちの前で、父はたしかに〝六輔〟ではなく〝孝雄〟くんだったと思う。

父が、家の外では〝六輔〟、家に帰れば〝孝雄〟ときっぱり分かれていたらよかったのに、と思う。名前をふたつ持つ父に、ふたつの違う顔があれば、今わたしが悩む必要もなかったのに、とも思う。

父は少なくとも家族の前では、本当に裏も表もない人だった。本人はふたつの名前を使い分けていたつもりかもしれないが、わたしにはその違いがわからなかった。世間に知られた〝六輔〟が死ねば〝孝雄〟が戻ってくると思ったら、そうはならなかったのも不思議だ。

わたしは、いなくなってしまった〝孝雄〟のために、メモをつくり始めた。それは〝父＝孝雄〟はたしかに存在したということを確認するための作業だった。

父との会話で、わたしは自分のことを「わし」と言っていた。

「どうして『わし』なの？」と父は笑っていたが、おかしいからやめなさい、というようなことはひと言も言わなかった。小学生の頃から、家の中で、わたしは自分のことを「ぼく」と言っていた。「ぼく」が年をとって「わし」になったのだが、父はそそんなわたしの感覚を理解してくれていた。

「男のおば（あ）さん」とも呼ばれていた父の娘であるわたしが「女のおじ（い）さん」になるのは不自然ではないと思う。そういう感覚を共有していた父とわたし、だった。端から見れば、おかしな父子だったかもしれないが、今にして思えば、父はわたしをいちばん理解してくれていた人だった。

そんな父がいなくなってから思い出したこと、気づいたことを箇条書きのメモにしていくことで、世に知られた〝六輔〟としてしか存在しなくなってしまったように思える父を、〝孝雄〟だった父として少しでも自分のほうへ引き戻すことができるのではないかと思った。自分自身の精神安定のためにもそうしなければ、と思った。

二〇〇二年に妻を亡くした父が、二〇一六年に亡くなるまで、わしという娘が父をどう見てきたか、本書はそんなメモをまとめたものである。

目次

はじめに　皆さんの〝六輔〟とわたしの〝孝雄〟の間で　3

第一章　最愛の妻に先立たれて
——病院嫌いな父、病院に通う　15

第二章　大腿骨骨折《だいたいこっ》からの介護入門
——リハビリに精を出す　85

第三章　車椅子の上で
——父の前向きな姿勢に助けられて　113

第四章　在宅介護で父を看取る
——親子三人水入らずの最後の夜　187

終章　父亡きあとに
——父の最期を見て　241

おわりに　上を向いたときに、夜の星を見上げたときに　267

第一章

最愛の妻に先立たれて

病院嫌いな父、
病院に通う

母が亡くなって

二〇〇二年一月、母が胃がんで亡くなって、これはもう父もそう遠くなく逝くんだろうな、と思っていた。

奥さんに先立たれた夫はあとを追うようにすぐに亡くなる。夫を亡くした奥さんは元気で長生きする。そんな話を聞いたことがあるが、父は母が大好きだったから、きっとすぐに死んでしまうのではないかと、妹の麻理もわたしも周囲の人たちも想像していた。実際、母の病状を知った父は食欲を失《な》くし、母の在宅看護の数ヵ月間で、たっぷりとあった腹回りはぐんと細くなり、それまではいていたズボンはベルトでぎゅっと絞らなければならなくなっていた。

父と母は、娘のわたしから見ても本当に仲がよかった。

母が元気だった頃には、ふたりでよく外に食事に出かけていた。食事のあとに支払いをするのはいつも母だったので、父はひとりになってから、お金を払わずに店を出てしまうこともあったらしい。

ふたりで出かけるときはたいてい手をつないでいく。あの年代、昭和ひとけた生まれの男にはめずらしいかもしれない。手をつないで歩くふたりのうしろからついていくとき、娘としては、こんなふうに仲のよい両親のもとに生まれてよかった、と思ったものだ。

母は、気がついたときは既に末期のがんだった。

退院を控えて、入院していた病院のスタッフ、訪問ナースさん、父と妹とわたしが病院の会議室のような部屋に集まって顔合わせをした。父のときにはこのような会議を「カンファレンス」と言っていたが、母のときにも同じような言い方をしていたかどうかは思い出せない。

介護保険もできたばかりの頃で（介護保険法が施行されたのは二〇〇〇年四月からだ）、使い方がわからないし、使いたい、使おうという頭も働かなかった。とにかく母を病院から連れて帰ろう、という思いだけだった。

それより前、入院中の検査かなにかで、母が不在の間に、病室のベッドに横になってみた妹が「こんな寂しい場所に昌子さんを置いておけない」と言った。父も「もうこれ以上打つ手がないなら連れて帰ろう」ということで同意し、母はうちに戻ることになった。わたしはといえば、「お医者さま、看護師さんたちが定期的に訪問してくれるとはわかっていても、我々素人になにができるんだろう」と不安だった。

二〇〇一年から二〇〇二年当時、「在宅看護」という言葉は我々の耳にまだ新しく、在宅看護を決めたものの、なにをどうしたらいいのか、まったくわからなかった。今でこそ、退院から在宅看護（介護）という流れのなかで、食事から満足な栄養が摂れない人のための「中心静脈栄養」だとか「胃瘻《いろう》」だとかいう言葉を聞くようになったが、あのときには、我々家族は全員、極度の緊張に包まれていて、とにかくうちに連れて帰る、ということで頭がいっぱいだった。

手を洗わなかった父が

父、妹、わたしはうちに戻った母の世話をするために、母の退院前に大事なことをふたつ、病院で習った。

まずは手を洗うこと。

それまで父はめったに手を洗わない人で、母を困らせていた。母を家に連れて帰るためなら、と思ったのだろう。父は頑張って手洗いをするようになった。

ただし、のちに母が亡くなってからは、この習慣もまた廃れていった。父がいつも持ち歩いていたノートに、ある言葉が書き込まれているのを見つけたのは、父が死んでからのことだ。

そこには「在宅はまず手洗いから」とあった。

母がいなくなったら、父はまた手を洗わなくなってしまった。父は母のためだけに手を洗っていた。

もちろん、きちんと手を洗えるようになっても、それだけでは母を連れて帰るわけにいかない。その時点で既に口から食事を摂れる状態ではなかったので、鎖骨の近くに埋められたポート（体内に埋めた、点滴の受け皿のようなもの）に、毎日、栄養を摂るための点滴の針を刺さなければならない。家族で手分けして、これをやらなければばならなくなった。

母と妹は先端のとがったものが苦手で、父も注射は大嫌いだ。そこで、「それ、やる！」とわたしが手を挙げた。昔から注射は大好きだった。趣味は献血で、血を採るときも、腕に刺さった針へ血が流れていくのをじーっと見ているのが好きという性分だ。なぜ、この家族の中でわたしだけ、と思っていたが、意外なところで役に立った。「あなた、昔から注射が好きだったわよね」と母にも言ってもらったおかげで、自信を持って母に針を刺すことができた。

家にいるようになった仕事人間の父

どの家庭、どの家族でも在宅看護（介護）が最善とは思わないが、在宅で母を看取ることができて、我々家族は幸せだったと思う。

母はいつも座っていた居間のソファで、新聞や本を読んだり、父と一緒にテレビを見たり、大好きな音楽を聞いたりして時間をすごしていた。居間の窓の外には、妹が「寂しい」といった病院のベッドからは見えない緑も見えた。

母が最後に息を引き取ったのも、このソファの上だった。

母の看護については、お医者さんも看護師さんたちもだいたいいつ頃まで、という見当をつけていらしたのではないか、と思う。家族としては、病院で死なせたくない、そしてもちろんできるだけ長く生きていてほしい、と思ったからこそ、家に連れて帰ったわけだが、残酷な言い方ではあるが、母の場合はある程度、先の見える在宅看護だったと思う。

だからといってそのときが「いつ頃」というのはわからないので、父は母の病気がわかってからは、毎週のラジオ出演以外はほとんどの仕事を断って家にいた。

父はわたしが小さい頃から、ほとんど家にいない人だった。家にいるのは週に一、二日。

父がいないのが当たり前の家庭だったので、母と妹とわたしは女三人で楽しくすごしていた。たまに父が家にいると「わっ、いる」と思う。身体も大きいから、その存在感は無視しようがない。

「今回はいつまでうちにいるんですか」と、声に出して聞いたことはなかったが、いつも確認したくなった。それくらい、家にいることがめずらしい人だった。

よその家のお父さんはどうやら、朝出かけて、夜帰ってくるらしい。でなければ、家で仕事をするものらしい。会社員の夫と結婚して、朝出かけて、夜帰ってくることに、あらためて驚いた。ああ、これが話に聞いていた会社員というものか、と思った。

父が母につきっきりになってからも、妹とわたしは交代で両親が住む家に通って、掃除、洗濯、すっかり食欲を失くしていた父の食事の支度をしていた。

たまに孫たちが母の様子を見に来ていたが、父に「落ち着かないから孫たちは連れて来ないでほしい」と言われた。目に入れても痛くないどころではない、孫たちを目に入れて遊ばせていた母にとって、孫たちの姿が身近にないことは、逆によくないのではないかと思ったが、わたしは父の言いつけを守ることにした。

誰も呼ばない、誰にも知らせない、と父は頑《かたく》なだった。とくに、母の母、わたしの祖母が高齢で寝たきりとはいえ存命だったので、父としては、母の容態をなんとしても隠したかったようだ。

ただ、母自身もそのだいぶ前から「誰か来ると、ちゃんとしなくちゃいけないから疲れるのよね」と言っていた。いつも身ぎれいにお化粧も欠かさなかった母だから、身内とはいえ誰かが来るとなれば、そのために起き上がって支度をしなければならない。そのことが体力的につらくなっていたようだ。

母に孫の顔を見せてやりたいのはやまやまだったが、父に言われたとおり、わたしは、わたしの夫はもちろん、孫さえも連れていかないようにしていた。

母の死

二〇〇二年の年明け、その年最初の父のラジオ番組の生放送を聞いて、その翌日、母は逝った。

お医者さまから「少し注意して様子を見ましょう」という言葉があった翌日のことだったので、やっぱりお医者さまや看護師さんたちには、だいたいいつ頃までということがわかるのだな、とそのとき思った。

母の死は、家に連れ帰った時点で覚悟していたつもりだったのに、そんな頭の中だけの覚悟なんて、なんにもならなかった。

「心にぽっかり穴が開く」という常とう句そのままだ。大きく深い穴が心の中にできた。けっして埋まらない穴だ。しかし、時間が経つにつれて、その穴に小さな葉っぱが芽吹いてくるという感覚を味わった。

母の不在は大きかったが、数年の間には、わたしはその不在を認めることができるようになったと思う。

父の顔を受け継いで

父と手をつないで歩いていたのはいつ頃までだっただろうか。

まだわたしが小学生だった頃、めずらしく仕事が休みだった父と町を歩いていたら、正面から歩いてきた人が、並んで手をつないだ父とわたしを見るなり、指をさして笑ったことがあった。

これは実に、わたしの人生における、ほぼ最大と言っていいくらい衝撃的な出来事だった。実際にその人は指をさしていなかったかもしれないが、わざわざ指をさされたというような記憶が脳裏に残るようなショックだった。

そのとき、父が、わたしや笑った相手になにか言ったかなどは、なにも覚えていない。そこから先の記憶はなにも残っていない。

わたしは、他人に大笑いされるくらい父に似ているのだ。そのことに気づかされたこのとき、まず人生が一度大きくねじ曲がった気がする。その後も何度かねじ曲がるのだが、このことがきっかけとなり、父とは目を合わせるのも嫌だという時期が長く続くことになった。

父は、頑《かたく》なに目を合わせなくなったわたしのことが心配だったのだろう。ますますわたしを気にかけるようになった。父の気持ちは痛いほどわかったが、そんなときも、自分と同じ顔が自分を見ているのだから、わたしとしてはたまらない。

そんなわたしを気遣ってか、「あなた、お父さんよりきれいよ」という母の言葉には思わず笑った。この言葉で慰められることはなかったものの、わたしを笑わせてくれたという意味で、胸はすっとした。

その後、大学に入ってからのこと。三年生の終わりくらいに就職活動のためのセミナーが開かれ、わたしも形ばかり出席したとき、指導の人から「化粧は女性のエチケットです」という言葉が発せられるのを聞いて、頭の中が真っ白になった。

実は、その少し前、母があまりに身なりに気を遣わない、遣わなさすぎるわたしを美容院に連れていってくれたことがあったのだ。あれは親戚の誰かの結婚式だったのではないかと思う。美容院で髪を結ってもらい、人生初めての化粧をしてもらったのだが、鏡の中にいたのは〝女装した父〟だった。

「なんだか女装してるみたい」

ふっと言った瞬間、一緒にいた美容師さんも母も笑ってしまったところを見ると、みんなもきっとそう思っていたのだろう。その場にいた誰も、わたしの言葉を否定しなかった。

それまでも化粧をしたことはなかったし、このとき以来、化粧をしようとも、しなくてはいけないとも思ったことはない。男でも女でも、化粧はしたい人がすればいいし、それが美しければなおいい。しかし、「化粧はエチケット」に反することもある。わたしもふくめ、化粧をして残念な人も世の中には少なくない。

しかし、就職のためにはどうしても化粧が必要なようだった。それでなくても、自分が就職活動をして、どこかに就職をするという将来が、まったく見えてこなかった。引きこもり、とまではいかなかったが、わたしは「できることなら人と接することなく生きていきたい」と思っていた。

そして、そのことに、父は気づいていたようだった。

「化粧は女性のエチケットなんだって」と家で話をしたのかどうかはっきり覚えていないのだが、「似合わない化粧は絶対にしたくない。それこそエチケット違反だ！」というわたしの考えは、父の知るところとなった。あるとき、父がわたしにぼそっと言った。

「あなたに会社勤めはできないと思う」

化粧の強制に違和感を覚えたうえに、人付き合いが苦手なわたしは、父のこの言葉を聞いて、どんなに救われたか。あのときには、ただもう、ありがたいお言葉をいただいたとしか思わなかった。

結局、就職活動はせずに、父が紹介してくれた映画雑誌に、映画を紹介する原稿を書くことになった。映画の試写を観て、原稿を書く。人と顔を合わせること、話をすることが苦手なわたしには、夢のような仕事だった。

料理はするが

大好きだった母に先立たれた父だが、周囲の予想をよそに、思いのほか頑張った。母なしで十四年半生きたのだ。

このうち十年近くは、特に他人の手を借りることもなくひとり暮らしができていた。料理好きの妹が、自分の家で作った惣菜を父の家の冷蔵庫に入れ、父が食べるときに自分でレンジでチンするといったこともやっていたが、もともと家にいるときには、父は自分の食べたいものは自分でちょちょっと作っていた。なにを作って食べていたか、詳しくはわからないが、年代のわりに台所に立つことも嫌がらない人だった。

そんな父だが、料理後の洗いものはいっさいしなかった。

ある日、わたしが父の家に様子を見に行くと、使ったフライパンが流しに置いてあり、中に水が張ってあった。ここまではよかった。ところが、油でぎとぎとした水が入ったフライパンの中に、塗りのお椀が入れてあるではないか。

「すみません!! 使ったフライパンを流しに入れる、水を張る、そこまではたいへんありがたいんですが、お願いだから、そこに食器を入れるのはやめてください！　塗りのお椀を入れるなんて、もってのほかです!!」

わたしの剣幕に、父は「はい。わかりました」と答える。さらに「油のついた食器は別にしておいてもらえますか」と言うと、なぜそんなことをしなければならないのかわからないという表情をする。そこで、「水と洗剤の節約のためです」と説明すると、とりあえず納得はしたようだった。

それ以来、塗りのお椀が油まみれになることはなかったが、食器を洗う、ということを父はたぶん一生したことがなかったはずだ。

きれい好きな母、片づけられない父

それでも、家で食べる自分の食事を自分で用意しようというだけで「たいした父親」だと思う。炊事が苦手なわたしより、よっぽど家庭的だ。

一方、父がやらない家の掃除、洗濯は麻理とわたしの役目だった。

床に落ちている靴下、ソファにかかったシャツ、トイレのドアの取っ手にベルトをひっかけたズボン……。脱ぎ捨てられた衣類を辿ると、仕事から帰ってきた父が、玄関から部屋に向かうまでの様子が手に取るようにわかった。

あるとき、「孝雄くんへ。シャツやズボンは自分でハンガーにかかってくれません。汚れた靴下は自分で洗濯機まで行けません」というメモを書いて、父が仕事でいない間に留守宅に置いて帰ったことがあった。誰かが片づけないと服が脱ぎ散らかされたままになってしまうんだぞ、ということに気づいてもらえればと思ったからなのだが、なんと、父が面白がって、そのメモを自分のラジオ番組で読んでしまった。

ひとり暮らしの父に、なんて冷たいことを言う娘だ、とラジオを聞いている人たちには思われたに違いない。

母は無類のきれい好きで、部屋に余計なものは置かない主義だった。母がいなくなって、いつもきれいに片づいていた部屋が、あっという間にモノだらけになった。毎日どっさり届く新聞、雑誌、CDやDVD、さらに父が持ち帰る仕事の資料、番組宛ての手紙やハガキ、書籍など。父の書斎からはモノがあふれ、母亡き後のひとり暮らしをいいことに、居間にも寝室にもモノがあふれかえった。読みかけの新聞や開封しただけの資料や封筒が、テーブルや床、あちこちに無造作に置かれる。見かねたわたしが「こういうものを床に置かないで！　踏んで滑って転ぶこともあるんだよ！」と声を荒げ、片づけていいかと聞いても、父はいつも「それは自分でやるからいいです」と言う。番組から持ち帰った資料をあらためて見直している姿もあまり見たことがなく、ただ置いてあっただけのような気がして仕方がないのだが、わたしが片づけようとすると父はとても嫌がった。

自分のことを考えても、本や資料を人に触られるのは、たしかに気持ちよくない。ただ、それが一週間も二週間も同じところに手つかずで置いてあったりすると、また同じことを聞かざるをえなくなる。

「ねえねえ、これいるもの？　今いらないならあっちの部屋に置いといていい？　絶対捨てないし、どこにあるかわかるようにしておくから」

わたしがどれだけ気を遣って言っても、父はものすごく迷惑そうな顔をする。そしてため息をついて「自分でやります」と繰り返した。

新聞を床に広げるのが趣味？

そうやって同じやりとりを繰り返しながら部屋が片づかないまま、二〇〇八年に父の足元が少しおぼつかなくなった頃になって、ようやくそういった手紙、書籍類は居間から強制撤去され、書斎とかつてのわたしの部屋へ移された。

いつもすごす居間にベッドを入れることになったのはだいぶあと、亡くなる二〇一六年の話だが、部屋に手すりをつけたり、万が一の場合には車椅子で室内を動けるようにしたりするため、部屋は広くしておかなければいけなかった。それにモノにつまずかないように、床に余計なモノは置かないようにしなければならない。床にあった新聞に足を置いて、滑って転ぶという危険もあるのだ。

しかし、「危ないから床は広くしておこうね」と言っているのに、父は、読んだ新聞を、目の前のテーブルに置かずに、読んだ手からそのまま離して床に落とす。なにが面倒なのだろう。新聞を床に広げておくのが趣味だとしか思えない。

「危ないから、せめてテーブルの上に置いて！　踏んで、滑って、転ぶよ」

何度言っても、それができない。

結局、父が自分から動こうとしないから仕方がない。二〇〇六年から父のマネージャーとなった夫の良明《よしあき》とわたしは父の返答を待たずに、父の目を盗むようにして「あとでわかるようにしておけばいいよね」と言い合って袋や段ボール箱にモノを詰めて、部屋を少しでも広く使えるように片づけをした。

箱にモノを詰めながら、シャーロック・ホームズの言葉を思い出す。

家主夫人に勝手に部屋を掃除されたホームズが「なんてことをしてくれたんだ！」と怒る。夫人が「だってこんなにホコリがたまっていて」と指二本でホコリの厚みを示すと、ホームズは「ああ、それは〇×年の資料です」と言い返す。

片づけられない父も、ホコリの厚みで仕事の資料の年代がわかったんだろうか。

「父の話は半分で」

わたしの記憶にあるかぎり、頑健《がんけん》といってもよいくらい健康だった父の体調にかげりが見え始めたのは、二〇〇七年頃からだった。

二〇〇七年に、父は自転車で転倒した。自転車は大好きで乗り慣れていたので、これは父にとっては衝撃的な出来事だったろうと思う。このとき、この転倒を目撃している人はいなかったため、なにがあったのかは父の証言だけが頼りだ。

「自転車で転んじゃった」という話は聞いていたのだが、その後、とくに痛みを訴えるわけでもなく安心していたら、ラジオの番組内で、父が「自転車で転んで、肋骨を二本折りました」と言っているのを聞いた。

「肋骨二本、折ったって⁉」

ラジオを聞いていた我々家族は大騒ぎ。そんな話、聞いてない。家族も知らないのに、いつの間に骨を折って、いつの間に治ったんだ？　のちに別の診察でレントゲンを撮ったら、たしかに肋骨一本にひびの入った痕があったらしい。こういうことがあるので「父の話は半分で」という習慣が身についてしまった。

「ラジオの話が聞き取りにくい」という異変

二〇〇八年くらいから、ラジオの父の話が聞き取りにくい、字が書けない、というような異変が出てきた。実際、ラジオ番組ではパートナーでアナウンサーの外山恵理《とやまえり》さんが、父の通訳をしてくださる場面も増えていた。

呂律《ろれつ》が回らない、字が書けないに加えて、足元がおぼつかない、などの症状が出てきていたが、いちばん困ったのは、話をしていて、父の反応が薄い、ということだった。

たとえば、良明と仕事の打ち合わせをしていても、その仕事を受けたいのか、断りたいのか、わからない。どうしたいのかをはっきり言わなくなってしまったので、こちらが推測して、この仕事は受けたほうがよいのではないか、これは断ってよいのではないか、という判断をしなければならなくなった。それでも、我々ではわからないことが多々あって「こうしてよいか」「ああしてよいか」と聞くのだが、なかなかはっきりとした返事がもらえない。

あの時点で、いったん父は仕事を休んでもよかったのではないか、と今になって思う。仕事の話があるたびに「体調が思わしくなくて」とか「返事はもう少し待ってください」と言い訳を繰り返すことで、父にも、父に仕事を依頼してくださった方たちにも迷惑をかけてしまうことになった。

そのときには、病気ではなく加齢が原因なのではないかと思っていた。加えて、正直に言うと、病院が大嫌いな父を病院へ連れていくことを考えただけで、気分が落ちた。周囲からいろいろ心配の言葉を掛けられながらも、父が自分から「病院へ行く」と言わないのをいいことに、放っておくことになってしまった。

父はラジオで「かかりつけのお医者さまを持ちましょう。なんでも話せるお医者さまをひとり見つけましょう」と何度も言っていたが、自分では絶対に病院へ行こうとしなかった。

ただ、わたしもどこかのタイミングで、どうにかして父を病院へ引っ張っていかなくては、と考えてはいた。

首に縄をつけるようにして近所のクリニックに引っ張っていったのは、その年の暮れのこと。「身体がだるい」「熱っぽい」と父が訴えたのをきっかけに、「じゃあ病院へ行こう」と連れていったと記憶している。それが近所のクリニックで、その後長いことお世話になる病院だった。

わたしだけで父をクリニックまで連れていく自信がなかったので、中学生になったばかりの次男に付き合ってもらった。孫がいれば、病院の前で踵《きびす》を返して逃げ出すおじいちゃん、という姿を父が見せるはずはないと思った。

診察を受けて注射をするというので、応援するつもりで、わたしと息子と二人で処置室をのぞこうとしたら、父に「見るな！」と怒られてしまった。注射が大嫌いな父は、孫に弱みを握られるとでも思ったのだろうか。

このとき、先生は毎月の血液検査のほかに、定期的に検便をする提案もしてくださった。検査結果の数字がすべてではないことはわかっていたが、家族としては安心だった。なにしろ自分の健康には無頓着な父なのだ。

そして、父もこのクリニックの先生は頼りになると思ったのか、定期健診に通うことに同意してくれた。

クリニックへの通院がきっかけで

月一で通ったこのクリニックでは、肺炎球菌やインフルエンザの予防注射も受けることができた。ただ、注射が大っ嫌いな父は「今日は注射だよ」と言うと、露骨に嫌な顔をした。「注射をするのはぼくだけ？　あなたはしなくていいの？」と付き添いのわたしにも一緒にインフルエンザの予防注射を受けろ、と暗に脅しをかけてくることもあった。

このクリニックにはひとり、採血のための針を刺すのがとても上手な看護師さんがいらした。「あの人は上手なんだ。痛くないんだよ」と父もその腕を何度も称賛していた。一方、ほかの病院で血液検査のための針を刺されるときには、たいてい「へた」とぼそっと言っていた。

健診では血圧、脈拍を測り、心電図をとり、採血をして、あとは先生から普段の様子を聞かれる。

「よく眠れますか」

「食欲は」

「夜中にトイレに起きますか」

こうして日常生活の様子を細かく聞いてくださる先生には、父も信頼を寄せていた。

わたしの家族や妹の家族も交えて、という形では、よく一緒に外食もしたが、父とわたしが顔を合わせてふたりだけで食事する、お茶を飲む、話をする、ということができるようになったのは、たぶんこのクリニックへ通院するようになってからだ。

月に一度、朝一番の健診が終わると、クリニックからほんの二、三分ほど歩いた場所にあるカフェで、早い昼食を食べて、コーヒーを飲む。診察のあとの会計を一緒に待たせるのは気の毒だったので「先に行ってて」とその店に父を送り出し、わたしがひとりで会計を済ませてあとを追いかけた。

昼からのメニューにしかないフレンチトーストを特別に作ってもらえるほど、父はこの店によく通っていた。毎月一度の健診のあとで、この店の小さなテーブルをはさみ、父とわたしは顔を突き合わせて食べ、飲み、話す習慣ができた。そこではその日の診療の話や、その週の予定や、孫の話をした。

父が一人前のフレンチトーストを食べきれないときには、わたしが残りを食べた。支払いは、父の財布から、わたしがした。帰るときは、最初のうちは、父と腕を組んで家まで一緒にゆっくり歩いた。父が車椅子を使うようになってからは、家に戻るまでの坂道を、車椅子を全身の力を込めて押して上るのだが、わたしにとってはいい運動になった。

病院は嫌いだが、先生は好き

父は、診察室で先生の話を聞きながら、「はい！　はい！」とやたらに気持ちのよい返事をしていた。しかし、診察室を出てから「先生のお話、聞いてどうだった？」とわたしが確認すると「よくわからなかった」と答えたり、黙ってしまうことが多かった。

これは、どこの病院、どの先生に対してもそうだった。

父にはお医者さんの知り合いが大勢いる。さらにありがたいことに、それは偶然の出会いだったり紹介だったりいろいろだったが、父がかかったお医者さんは皆さん本当によい先生で、父もそれぞれの診察のたびに「いい先生だね」とわたしに言った。

それぞれの病気にそれぞれの先生。診察のたびに違う病院に通う。一ヵ月に一回通う病院もあれば、三ヵ月に一回通院する病院もあった。

父にしてみればお医者さんは皆自分より若い。一緒に通院していてわたしが安心したのは、この先生たちは父より若いから、父を最期まで診てもらえるだろう、ということだった。せっかく、父も喜ぶ相性のいい先生たちに診ていただいているのだから、父より先に先生がいなくなっては困る。

もともと病院が大嫌いな父だったが、そこにいる先生は好きだった。

病院は嫌いだけど、先生は好き。今思い出すと、なるほどと思うことがある。

診察の間、父は自分の症状の話や治療の話はほとんど聞いていないようだった。今の身体の状態を先生が説明してくださっているのに、それを聞いているのはわたし（のちには訪問ナースさんも加わる）で、たとえば先生のほうから診療方針や投薬の提案があっても、父は「おまかせ」とか「あなた（千絵）のいいように」と言って投げてしまうのである。

では父は診察室になにをしに行っているのかというと、どうも、何ヵ月かに一回会う先生からラジオで話せるような面白い話を聞き出そう、さらに、できることなら先生を笑わせてから帰ろうと思っているようだった。

先生たちは父の話を面白がって聞いてくださった。父も初めて耳にする話、自分の病気の話以外は、楽しそうに聞いていた。

父は嫌いな病院・診察室でこそ笑いたいと思っていたフシがある。楽しくないと嫌なのだ。それが診察でもなんでも。先生に会うことが楽しくなかったらやってられないと思っていたのだろう。

父が強く反対した薬

治療法については、ほぼわたしに「おまかせ」の父だったが、一度だけ、出される薬に強い拒絶反応を示したことがある。

循環器内科の先生からお薬を出していただくことになったときのことだ。

「このお薬を飲んでいる間、納豆が食べられません」と聞き、父の顔色が変わった。

「納豆が食べられないって、どういうことですか！」

ちなみに、わたしの記憶では、父はたしかに納豆は好きだったが、それまで特に毎日欠かさず食べていたというわけではない。しかし、何ヵ月かその薬を飲みながら、先生には「納豆が食べたい！」と言い続け、父の納豆愛に根負けしたのか、そのうち先生のほうから「納豆を食べてもいい薬を処方します」と言っていただいた。

「やった！　これで納豆が食べられる！」

それから父はそれまで以上にせっせと納豆を食べるようになった。もともと納豆は好きではあったのだが、食べられない、食べてはいけない、と言われると、どうしても食べたくなるようだ。

「いい先生だね」

納豆を食べてもいい、と言ってくださったから、ではなく、いちばん身近にいて、さりげなく気を遣ってくださるこの先生が、父は大好きだった。

身体的な問題といえば

二〇一五年秋に背骨の痛みがあってから体調を崩すまで、父の血液検査の数値は誰にでも自慢できるくらい立派だった。

お酒を飲まないからなのか、内臓年齢は二十代の若者並み。たばこは若い頃に少し吸ったことがあるだけで、肺も健康だった。

父は、幼少期には身体が弱かった。さらに、戦後の食糧難の時代に成長期がぶつかっている。にもかかわらず、わたしが記憶しているかぎり、父は七十代後半に入るまで、ほとんど病気はしなかった。

身体的な問題といえば歯だけだったように思う。

歯医者さんには何十年と通い続け、歯の先生だけはどんどん代替わりしていった。若い頃は仕事が忙しくて歯医者さんに通う時間もなかったのだろう。だんだん歯にガタがきて、仕事と仕事、旅と旅の合間を縫って、集中的に治療はしてもらっていたようだが、結局、最後は総入れ歯になってしまった。

食べるための歯としゃべるための歯、先生には二種類の入れ歯を作っていただいた。ところが、使い分けがなかなかうまくできない。いったん入れてしまうと取り替えるのが面倒くさいらしく、食べるのもしゃべるのも、結局同じ入れ歯で済ませてしまう。

父は若い頃から、顔を洗わない、手を洗わない、歯を磨かない人だった。お風呂とシャワーは好きだったが、きれい好きな母が、よく父と結婚したものだ、と思う。母が毎日どれだけ「顔洗った？」、「歯磨いて！」と父に声を掛けていたか。

かかりつけのクリニックでできた顔見知り

毎月通った近所のクリニックでは、規模の大きい病院と違って、顔見知りの患者さんも何人かできた。一ヵ月ごとの健診のつもりで通院していたので、通っているうちに、サイクルがほぼ同じ人たちと月に一回顔を合わせることになった。

そのなかの一人に、父の顔を見るたびに、極上の笑顔を見せてくださる、背の高いアメリカ人のおじいさんがいた。ちょっと腰が曲がっているのに、とにかく背が高い。日本の大学で長く教鞭をとっていらした方らしい。長く日本にいたというわりには、残念ながら、あんまり日本語がお上手ではなかったようだが、待合室で父を見つけると、満面の笑みを浮かべながら、何か声を掛けてくださろうとする。父が藍染《あいぜん》のちょっと変わった柄のズボンをはいていたりすると「オシャレデスネェ」と父の足をぽんぽん叩く。「コレイイネェ」と言ってジャケットの裾を引っ張る。帰り際には「オダイジニネ」と言って、手をふっていく。「お大事に」と父もにこにこしながら同じ言葉を返していた。

上背のわりに足が細くて、いかにも白人体型なのだが、いつもひとりでゆっくりゆっくり歩いて通院していた。そのうち姿を見かけなくなり、父も「最近、あの人、いないね」と寂しそうだったのだが、アメリカに帰られたということがわかってふたりでほっとした。

「父が亡くなりました」と伝えたい気持ちもあるが、それぞれの胸のうちに、にここと声を掛けあった頃の記憶が残っていれば、それでいいのかな、とも思う。

ご近所のクリニック、ということは、通っている人たちもご近所さんだ。

通院の朝は、必ず明治神宮にお参りをしてから来るというご婦人は、父が通っていた定食屋さんの、夜の常連さんでもあった。その店は、夜は居酒屋になるので、お酒を飲まない父は定食が食べられる昼間しか行くことがなかった。店で顔を合わせることはなかったが、町内会の催し物でばったり会うこともある。ご近所付き合いができたのも、ここのクリニックに通っているおかげだった。

健診に行くたびに顔を合わせていて、ただ待合室で軽く会釈を交わすだけだったが、皆さん、お元気だろうか。

待たされることが大嫌い

四週間に一度の健診がある月曜日。子どもたちが学校に通っていた頃は、朝ご飯とお昼のお弁当を用意して、子どもを起こしてから、食事の後片づけや見送りは夫に任せて車で出る。

「待たされる」というのが病院嫌いの理由のひとつでもあった父のため、健診の日の朝はいつもより早く父の家に向かわなくてはならなかった。

まず父の様子を見るために、部屋へ行って「おはよう」と声を掛ける。朝はなかなか食欲がないので、あんぱんや温めたちまきなど手軽に食べられそうなものを食卓に並べ、診察券と保険証を持って「順番取ってきます！」と言って出る。

診療時間は九時からで受付は八時半から。クリニックの扉はそれより前に開いているが、ほぼ毎回、八時半ぴったりに着き、一番乗りだった。一番乗りのときには、できるだけ二番目の人が現れるまで、そこで待つようにしていた。うちが先に来ていました、ということをアピールしておかないと、診察券だけ置いて父のところへ取って返し、父を連れてクリニックへ戻ったときに、あとから来た人に「なんであの人が先なんだ」と不満を抱かれたら困るからだ。病院の受付順はシビアである。

たまに、目の前に同じ順番取りに向かうらしい顔見知りのお年寄りが、ゆっくりクリニックへの道を歩いているのを見つけてしまうと、脇をばたばた追い抜いて自分が一番になるわけにもいかず、そおっとあとをついていって、二番を取ることもあった。

「ごめん。今日は二番だった。出るのは九時すぎで大丈夫だから」

診察開始は九時なので、二番になった日は九時に家を出れば、ゆっくり歩いて、ちょうど呼ばれる頃に待合室に到着できるはず……なのだが、ここらへんの計算が実に難しい。思ったよりも早く順番が回って来てしまうこともないわけではないし、もうそろそろかな、と思いながら待合室に入って、五分、十分、十五分と待たされることもある。

どの病院へ行っても、父の場合、問題なのはこの待ち時間だった。父は待合室で時間を潰すということができない。

病院だけでなく、父はとにかく待たされることが嫌いだった。食事に行って、注文したものがなかなか出てこないと「帰ります！」と言って席を立ってしまうこともあった。幼かったわたしたち娘が同席していても、それは容赦なかった。

孫たちも父と食事に行くと、父のペースに合わせなくてはならなかったから大変だ。食事はゆっくり楽しみたいものだが、父と食べるときには「あ、孝雄くん、もう食べ終わっちゃうよ」「ほら、もう会計に行っちゃうよ」と孫たちを急《せ》かすことになる。「きみたちはごゆっくり」と言いながら、そわそわと出口に向かおうとする父の背中を、我々は慌てて追いかけることになるのだった。

しかも、父は待たされることが大嫌いなくせに、約束の時間より早く行きたがる。たとえば九時の待ち合わせなら、大げさに聞こえるかもしれないが、八時半にはその場所に行って待つ。「相手は九時五分前、ひょっとしたら十分前には来るもの」と勝手に思い込んでいる。九時ぴったりにでも来ようものなら「遅い！」と言わんばかり。九時に約束したんだから、九時に来ることに間違いはない。待たされるのが嫌なのだったら自分がせめて十分前にそこに着いて待つくらいでちょうどよいのに、父にはそれができない。

土曜日の朝八時半からのラジオの生番組を持っていたときには、前日に大方の打ち合わせも済ませているのだから、早くても六時すぎにスタジオに入れば十分余裕があるだろうとわたしは思っていた。しかし、気が急くのかなんなのか、父は五時すぎにはうちを出ないと落ち着かない。車なら十五分、かかっても二十分くらいで到着するのに、である。

「何があるかわからないから」

これが父の口癖だった。

「何があるかわからないから五時に迎えに来てください」

「何があるかわからないから五時前に迎えに来てください」

「何があるかわからないから……」

こんなふうに、スタジオに向かう時間はどんどん早くなっていった。車での送り迎えと付き添いをしていた良明も、生放送がある土曜日の朝の起床時間が少しずつ早くなっていった。

これは、身内だからまだいい。番組のスタッフにはさぞ迷惑だったろうと、未だに申し訳ない。番組名に父の名がついていて、それでなくても年齢から言って最年長の父がスタジオ入りするのに、そこには誰もいませんでした、というわけにはいかない。長年、番組を支え続けてくださった、はぶ三太郎《さんたろう》さんも本当に気を遣ってくださって、父の到着が早くなればなるほど、ご自分の到着をそれより早くしなければならなくなっていた。心配になって「始発で間に合うんですか」と聞いたこともある。

さすがに父には、このことで話をした。

「あのね、孝雄くん。遅れたくない、という気持ちはわかる。早く行って、向こうで準備を整えたいという気持ちもわかる。だけど『早く、早く』って孝雄くんの到着がどんどん早くなってくと、スタッフの人たちが大変なんだよ。わかってる？」

しかし父にはため息をつかれるだけだった。

父が編み出した、待ち時間を短くする〝手〟

気が短い。せっかち。わたしも実はかなり父に似た性格ではあるが、わたしはわりと待つことが（時と場合にもよるが）できる。

病院というのは待つところということがわかっているので、自分の通院のときには、読みたい本を何冊か持っていって待合室でひたすら読む。それはそれで、有意義な時間をすごせるので、わたしは病院の待ち時間が嫌いではない。

ところが、父と病院に行くとなると話は別だった。病院の待合室が、自分ひとりのときには静かな読書室なのに、父といるだけで針のむしろとなるのだ。

身体の具合がそれほど悪くない頃は、父は書きかけの原稿とか、仕事の予定を書き入れたスケジュールノートを持って行き、待合室で書いたりメモをつけたりしていた。

ひとりで歩き回れた頃には、待ち時間を潰すために院内をぶらぶらすることもあった。歩き回るのにも飽きると、父は、待合室から先生に「自分は待たされている」というアピールをする。自分の番号が近づいてくると、診察室の前に立ち、扉が開いたときに、自分の姿が先生に見えるようにするという嫌がらせである。診察の終わった患者さんが扉を開けて出てくるときに「待っていますよ！」と言わんばかりに、診察室の中にいる先生と目を合わせようとするのが父の〝手〟だった。

「やめて。恥ずかしいから。座って待ってようよ」

そう言っても、扉が開くたびに立ち上がって中をのぞき込もうとする。

しかし、これは元気で体力があった頃だからこそできたこと。のちに通院も車椅子に頼るようになって以降は、このアピールもできなくなってしまった。

「先生はひとりひとりの患者さんを、きちんと診ているから時間がかかるんだよ。孝雄くんだって、ちゃんと診てもらいたいでしょ。だったらお互いさまじゃない」と言い聞かせることもしばしばだった。

これ見よがしに診察室の前に立つ父に、そのようなことをさせないためにも、父を飽きさせないようにするにはどうしたらいいか、わたしは考えなければならなかった。

待合室で、最近読んだ本の話、最近観た映画の話、そして学校でこんなことがあった、今こんな勉強をしているという孫の近況で間を持たせる。頭をひねってネタを探しては父に話しかける。これにはとんでもない労力、知力が必要となり、病院から帰る頃には、わたしはくったくたになっていた。

しかし、よく考えてみれば、これこそ父が得意としていたことではないか。

人の注意を引く、人に話を聞いてもらう、というのはとてもテクニックを必要とすることで、しかもテクニックだけでは持たない。ネタを仕入れて寝かせ、自分のものにし、多からず少なからず脚色を施し、ようやく人の耳に届けられるものになる。

親ばか子ばかを承知で言わせてもらえば、父がいなくなってからラジオを聞いていて、なんだか昔ほど楽しめないのは、自分が年を取ったせいもあるのだろうが、話をしている人たちが、たぶん忙しすぎてネタを仕入れる時間がないからなのだろうと感じる。さらに、ネタを仕入れても、それを人に聞かせるものになるまで消化する時間もないのだろう。

父は、自分の足で日本や世界のあちこちを歩き回り、人に話を聞き、それを持ち帰って自分なりに消化してから、話をしていた。芝居を観に行き、映画を観に行き、寄席に行き、美術館や博物館をうろうろする、という時間を本当に大切にしていた。忙しいから、と世界を広げる努力をしなければ、人の心に訴える話ができるはずがない、と思っていたのではないか。

自力で動くのがなかなか難しくなってからは、父の話も繰り返しが多くなってきた。それでも、経験という強みがあり、蓄積に頼ることができたと思う。本当にわたしも子ばかである。

定期健診で見つかった意外な病気

毎月行くようになった定期健診で、父の異変とは関係のない病気が見つかった。

二〇〇九年に、血液検査の項目であるPSAという腫瘍マーカーの値で、父が前立腺がんを患っていることがわかった。

そこでクリニックの先生が、前立腺がんの精密検査を勧めてくださったのだが、先生が紹介してくださろうとしていたのは、母が最後に入院していた病院。たぶんそれが理由だと思うのだが、父はその病院には行きたがらなかった。

結局、父が「鎌ちゃん」と呼んでお付き合いしていた鎌田《かまた》實《みのる》先生に連絡を取って、泌尿器科の先生を紹介していただいた。そして、三ヵ月に一度、茨城県のつくばまで一日がかりの通院が始まった。

近年急増傾向にあるという前立腺がんは、進行も遅く、予後もほかのがんに比べるとよいため、別の死因で亡くなったときでも、調べたら「あ、前立腺がんもあったんですね」ということがあるらしい。高齢の男性はほぼもれなく前立腺がんだという話も聞いた。

前立腺がんの場合、通常だと、切除手術、放射線治療、ホルモン療法と三つの選択肢があるという。

診断を受けたとき七十六歳だった父には、手術という選択肢は最初から考えなかった。本人が「手術したい」と言えば別だっただろうが、父は自分からそんなことは言わない。

ほかのどの病気のときもそうだったのだが、父とふたりで前立腺がんとその治療法の話を先生から聞いているときも、どこか他人事で、本当に父が自分の話として聞いているのかどうか、わたしにはわからなかった。診察室を出たところで「先生のお話、わかった?」と聞くと「聞こえなかった」と言われて、つい「自分の身体のことだよ!」と声を荒げてしまったこともあった。

どうしたらよくなるのか、ひょっとしてよくならないのか、どうすることが自分にとっていちばんいいのか。父が、この手のことを自分からお医者さまに聞こうとすることはついに一度もなかった。もし本当に病院が嫌い、なるべく行きたくないと思っていたなら、治療らしい治療は受けないと決めることもできたはずだが、そういう意思を示すこともなかった。

前立腺がんに関しては手術をせずに、放射線治療かホルモン療法を選ぶことになったが、ここでも、父は自分からは積極的にどうしたいかを言わなかった。

放射線治療は一ヵ月半ほど毎日の通院が必要になる。一回の処置には十分もかからないということだったが、五週間も六週間も毎日通院するということが、病院嫌いの父に耐えられるとは思えなかった。週にいっぺんのラジオの生放送に加えて、別のラジオ番組の収録もあったし、原稿を書く仕事もあったし、地方での講演もあった。

手術ではなく、放射線治療でもなく、という消去法でホルモン療法が残り、薬を飲むのと並行して、病院で三ヵ月ごとに下腹に注射を打つことになった。すると、PSAの数値はあっという間に下がり、数字が小さすぎて検査では出てこないという状態がこのあと六年続いた。この数値が上がり始めたのは父が亡くなる前年の秋くらいからだったから、寿命が先か、がんが先か、という感じだった。

通院生活を楽しくしたお蕎麦屋さん

通院が日常になるなら、通院そのものを楽しくしたい。どんな体験も楽しみたいと考える父である。それが通院ならなおさらだ。同行するわたしにとっても、病院に行って帰るだけではつまらない。

本当にたまたまだったのだが、通う病院それぞれの近くにおいしいお蕎麦屋さんが見つかった。診察はたいてい朝からなので、遅くとも昼前に終わる。「お昼においしいお蕎麦を食べて帰りたい」と麺好きの父が思うのも自然だった。

つくばに通院していたのは、二〇〇九年から二〇一二年。東京の病院に切り替えるまでの三年間だ。三ヵ月に一度とはいえ、東京からとなれば、ほぼ一日がかりの遠出になる。予約の時間に遅れたくないので、朝早く父を迎えにいき、ひたすら高速を走って病院へ。診察が終わると、今度は車で高速の入り口の手前にある道の駅へと向かった。道の駅の売店で野菜を買い、隣にあるお蕎麦屋さんに寄る。

この道の駅とお蕎麦屋さんを見つけてから、一日がかりの通院は、父にとっても付き添いのわたしたちにとっても、ちょっとした楽しみになってきた。お蕎麦を食べて帰る頃には通院だったということを忘れてしまいそうだった。「帰りはおいしいお蕎麦だ！」のひと声で、長時間車に揺られる病院の往復も苦ではなくなる。

三ヵ月ごとの診察が、たまたま七月や八月の夏休みに当たれば、子どもたちも巻き込んでつくばまでドライブだ。

父が病院で診察を受けている間、子どもたちはロケットを見に、筑波宇宙センターへ行く。帰りはおいしいお蕎麦と、高速道路のサービスエリアのソフトクリームというお楽しみが待っている。夏休みの通院は、すっかり遠足気分だった。

長い道中、子どもがいると、父もわたしも気分がまぎれるのはありがたかった。

この「おいしいお蕎麦屋さん計画」はその後も使った。そういうお蕎麦屋さんをどこの病院の近所にも見つけることができたのは幸運だった。

都内にある別の病院には、近くに有名なお蕎麦屋さんがあった。診察は十時からだが、少し待たされ、わたしたちが診察室に入れるのは十時半くらい。診察が終わるときには、先生に「今日もお蕎麦ですか」と笑顔で尋ねられる。お蕎麦屋さんの開店は十一時なので、そこから大急ぎで駆けつける。人気のあるお蕎麦屋さんで、開店前にはたいてい列ができている。

店の前に車を乗りつけると、とりあえずわたしだけが車を降り「並んどくから、車で座って待ってて!」と言うのだが、とにかくせっかちな父のこと。店が開いたら一刻も早く入りたい。結局、わたしと一緒に車を降りてしまうので、運転手の良明が駐車スペースを探しにいっている間、ふたりで店の前に並ぶこともあった。

開店すると、杖を持った父のために、店の奥ではなく、なるべく出入り口に近い席に案内してもらう。

ここでも、父は普段はあまりない食欲を見せた。かき玉蕎麦か鴨南蛮の温かいお蕎麦一人前と、別に頼んだカレー丼をひと口食べる。我々ふたりも一人前ずつお蕎麦を頼み、父が食べた残りのカレー丼をふたりで分ける。いつも三人で四人前を頼むことになった。

さらに、お蕎麦のあとは甘いもの。父の大好物である、あわぜんざいとあげまんじゅうを食べられるお店も、ちょっと移動すれば済む近さにあった。

父に食欲があるのは、家族にとってもうれしいことだった。父がぱくぱく食べてくれると、ついついつられるように、我々も一緒になって食べてしまった。

父が起こした〝人間ドック事件〟

二〇一〇年、鎌田實先生が名誉院長を務めている茅野《ちの》の諏訪中央病院で、神経内科の先生に診ていただくことになった。

永さんの様子がおかしい、ラジオで何をしゃべっているのかわからない、などと言われるようになってから、周囲で父を心配してくださる方たちが、いろいろな病名を憶測してくださるのだが、なにしろ本人がなるべく病院には近づかないという主義を貫いていたので、らちが明かない。

そこで、「うちの神経内科へ来てみれば」と助言をくださったのが、この茅野の鎌田先生だった。

当時の父は、言葉があまりはっきりしない、書いた字が自分でも読めないなど、加齢のせいかと思えるようなことがいくつかあったが、わたしがなにより心配だったのは、父の表情が動かなくなっていたこと、こちらからの働きかけにほとんど無反応になっていたことだった。孫たちと食事をしていても、楽しいのか楽しくないのか、おいしいと思っているのか思ってないのかが、表情からはわからなかった。

加えて、歩き出しで最初の一歩が出ない、歩幅が小刻みになる、足元ばかりに視線が落ちてしまう、という症状も出ていた。そこで、東京から離れることで気分転換もできるだろうと、鎌田先生がいる茅野へ向かったのは二〇一〇年の春だった。

諏訪中央病院では、それより前に、今でも我が家では語り草になっている〝人間ドック事件〟があった。

健康にはまったく気を遣わないまま、それなりに健やかにすごしてきてしまった父であるが、さすがに七十歳を超えるあたりで「一度人間ドックに入ってみたらどうですか」という声が、どこからともなく沸き起こった。

組織に所属したこともない人なので、いわゆる健康診断というものは、学生のとき以来受けたことがなかったと思う。父の学生時代が戦後間もなかったことを考えると、健康診断が実施されていたのかどうかもわからない。

「一回、診てもらえば、よくないところもわかるし、これまで元気できているんだから、大きな病気が見つかるとは思えない。心配しなくて大丈夫だよ」

そうわたしが言っても、首を縦にふらない。かといって、自分の身体の状態に絶大な自信を持つほど、健康管理に熱心なわけでもない。父は多くの人が気を遣う体重管理とか、食事の内容にしても、ほとんど興味を示さなかった。食事についていえば、母が亡くなってから「野菜を食べよう」と自分から言うようになったくらいだ。

若い頃は草野球、一時期、仲間とランニングをしていたことはあるが、その後は運動らしい運動もしていなかった。

茅野の病院では、鎌田先生に案内され、人間ドック用の待合室に通された。そこまではよかったのだが、そこにいわゆる検査着を着た人たちが何人もいるのを見た父の腰があきらかに引けていくのが感じられた。この人たちと同じ格好をさせられて、身体のあちこちをいじられて、と考えただけで、ぞっとしたのだろう。父はなんとかしてその場から逃げ出そうと決意を固めたようだった。

「へえ。すごいね。待合室もきれいだね」などと言う父が、なんとかこの検査着に着替えずに済む方法を考えているな、ということは、手に取るようにわかった。「帰りたい。ここにいたくない」という父の声が、隣にいて、聞こえてくるようだった。

このときは、鎌田先生の必死の説得もむなしく、父は結局、検査着に着替えることもないまま、身長と体重だけを測り「はい。ありがとうございました！」と言って、勝手に人間ドックを終了させてしまった。もしかしたら、あと、血圧くらいは測ったかもしれない。

待合室から退散して、窓から美しい茅野の山々を眺められる応接室で、鎌田先生と一緒に立派なお昼をいただいた。本当なら人間ドックをちゃんと済ませた人だけが食べられる特別なお昼ごはんである。身長、体重を測って初めてのドック体験を済ませた父と、父の隣でただぼーっとしていたわたしは、そこでお昼ごはんだけはちゃんといただいて、東京に帰ってきたのだった。

人間ドックで身長と体重だけ測って帰ってきた、という武勇伝はその後、父自身の口からラジオで披露された。

そんなふうにして逃げ帰ってきた諏訪中央病院で、二〇一〇年、今度は神経内科を受診した。そしてここで「パーキンソン病」という病名を聞くことになった。

呂律が回らない、字が書けない、足元がおぼつかない、反応が薄い。二〇〇八年頃から続いていた父の症状は、パーキンソン病という可能性があることを初めて知った。『バック・トゥ・ザ・フューチャー』の主演俳優マイケル・J・フォックスが、三十歳のときにパーキンソン病であることを公表していたので、わたしも病名としては知っていたが、それがどういう病気なのかは、このときはまったくわからなかった。

MRI検査逃亡〝前科一犯〟の父

諏訪中央病院から、父が通いやすい東京都内の神経内科の病院を紹介していただき、詳しい検査をした。二〇一〇年夏のことだった。

この検査というのが、父の天敵MRI（Magnetic Resonance Imaging 磁気共鳴画像装置）だった。ベッドに寝かされ、ドーナツ型の大きな穴に体を通す、あの検査装置である。この検査をしないと診断が下せない、診断が下せなければ薬も出せない、ということで、父はMRI検査を受けることになった。

父は過去にこのMRI検査からも逃げ出したことがあった。その数年前、よく思い出せないのだが、たぶん神経系の病を疑った、かかりつけのクリニックの先生が「一度MRIを」ということで手配してくださったのだと思う。

まだまだ元気な頃だったから、どうしてそんな検査をしなくちゃいけないんだろう、という疑問はあった。それでも、父の家からさほど遠くない、とてもおしゃれな雰囲気のクリニックで父はMRI検査を受けることになった。あのときには父とわたしとふたりで「どんな検査なんだろうね」などと言いながら出かけたのだった。

わたしは例によって待合室で待っていた。すると看護師さんに伴われて検査室へと消えたはずの父が、ほんの数分もしないうちに戻ってきた。いったいなにがあったのか、真っ赤な顔で、しかも小走りでわたしのほうに向かってくる。

「あんなもん、やってられない！」と父はわたしに向かって叫ぶと、そのままクリニックの外へ出ていってしまった。

ただ、あっけにとられているわたしの目に、窓の下、一階の玄関から走り出ていく父の姿が見えた。走り出ていった父は、そのまま「やれやれ」という感じで、建物の前の植え込みに腰を下ろした。

わたしも慌てて父のあとを追いかけ、クリニックを出た。

「なにがあったの⁉」と聞くわたしに「頭を押さえつけられて、三十分も動けないと言われた！」と父は泣きそうだ。

「でもそういう検査なんだよね？」

「そんな検査はしなくていい！」

このときも父は自分で勝手に検査を中断し、ＭＲＩ逃亡劇は幕を閉じたのだった。

あのとき、検査をしていたら、もしかしたらもっと早くパーキンソン病だということがわかって、なにかまた別に打つ手があったのだろうか。

目元がうるうるする父と鬼になる娘

しかし、二〇一〇年の神経内科受診で、とうとう父はＭＲＩに〝捕まった〟のだった。最初のＭＲＩ検査のときは走って逃げる体力があった父も、今回は逃げようがなかった。

検査室の前まで、良明とわたしが一緒について行った。いざ、看護師さんに付き添われて中に入ろうとしたとき、「千絵ちゃ〜ん」と私の名を呼ぶ父の弱々しい声が聞こえた。目の前の機械を見た瞬間「あ、あれだ！」というまがまがしい記憶がよみがえったのであろう。

可哀そうだが、ここは心を鬼にした。

父は屈強な（というふうに見えた）男性看護師ふたりに検査台に乗せられ、横になった。そうなった状態でもまだ、頭を上げてこちらを見ている。こちらに向かって手を伸ばして、伸ばしても届かないとわかると、今度は胸の前で拝むように両手を合わせる。

「え、目がうるうるしてる⁉」

わたしには父の目が潤んでいるように見えた。

「ちょっと、しっかりしてよ‼　すぐに終わるんだから！」

鬼娘は檄《げき》をとばす。すぐに終わるかどうかも本当は知らないのだが。無情の扉は父のうるうるの眼前で閉じられた。

「いい年して、なに泣いてんの！」

検査室にいる父に聞こえないのをいいことに、鬼娘は良明相手に愚痴をこぼした。

「たかが検査だよ、切り刻まれるわけじゃあるまいし」

「ほんっとに弱虫なんだから！」

待合室で検査が終わるのを待っている間、さんざん愚痴をこぼしまくっていたら、そばに座っていた初老のご夫婦が、すっと立ち上がって我々に近づいてきた。

「あのぉ、永さんですか。いつもラジオ聞かせていただいています」

上品なご婦人に「ありがとうございます」と頭を下げながら、苦笑い。

「ああっ！　今の聞かれた！　父親に『泣くんじゃない！』とか『弱虫め！』と言っているのを聞かれた……」

そんな姿を見られて、わたしのほうが泣きそうだった。

ちなみに、このときの罰があたったのかもしれない。六年後、父が死んだ翌日に、わたしもMRI検査を受けるハメになった。

その一ヵ月前に、犬の散歩をしていたとき、膝ほどの体高のある犬につまづいて前方に転び、したたか頭を打ったのである。自分の頭が地面でバウンドしたのがわかったので、さすがに「こりゃまずい」と思って、父が一時通っていた病院へ行き、レントゲンを撮ったのだが、「念のため、一ヵ月したら来てください。MRIを撮ります」と言われた。その一ヵ月後が、父の死んだ、まさにその翌日だったのだ。

モノ言わぬ父のすぐ横で「明日MRIだって、先月言われたんだけど、どうしようかな。こんなときだし、行くのやめようかな」とぽつんと言ったら、その場にいたナースさんに、次のように言われた。

「それは行ってください。頭を打っても、すぐにどうということはないんです。一ヵ月経ってから検査することが大事なんです」

というわけで、父の意趣返しというか、天罰か、わたしとしては父が泣いて逃げようとした検査の正体を見極めたくもあり、なんなら父のリベンジ！というつもりで二〇一六年七月八日に病院へ行った。

結果からいうと「なーんだ、たいしたことないや」。

父が、こんなものから真っ赤な顔して逃げてきたのか、と思うとおかしかった。逃げる人がいるというのも、わからないではないが、検査から帰って、目を閉じたままの父には「MRI、なーんてことなかったよ」と報告した。


「ぼくはパーキンソンのキーパーソン」


父は泣きながらMRI検査を受けたが、そのおかげで晴れてパーキンソン病という診断が下されて投薬治療を受けることになった。病名がわかっただけで、とりあえず安心はできる。

それが難病指定された病気であっても。

パーキンソン病とは、神経伝達物質のドーパミンが減少することで起こると考えられている神経変性疾患だが、はっきりとした原因は不明だ。原因もわからず、抜本的な治療法もないので、治らない病気＝難病とされている。日本国内に十万人以上の患者がいるという。

しかし、治らない病気なのに、父は薬がそれこそ劇的に効いて、悪化しないだけでなく、現状維持よりもさらにちょっと上向きなんじゃないか、と思える状態にまでなった。服薬を始めて二ヵ月、三ヵ月すると、言葉もはっきりしてきたし、再びちゃんとした字が書けるようになった。

状態のあきらかな改善は、周囲はもちろん、たぶん本人がいちばん驚いたことだっただろう。だからこそラジオの生放送で「ぼくはパーキンソン病だけど治りました！」と宣言してしまったのだ。

わたしは父の番組を毎回ラジオの前で耳をそばだてて聞いていた。

父はときどき思いもよらない発言をすることがあった。生放送で爆弾発言をされたときのために、番組が続いている間は、ラジオの前を離れられなかった。たぶんわたしは父の番組のヘビーリスナーで、クレーマーのような存在だったと思う。

「治りました！」発言のときももう大慌てで、クレーム（正当なものだ）をつけた。

「たいへん残念ですが、パーキンソン病は治りません。孝雄くんの場合は、とても薬が効いていて、たしかに現状維持はできています。つまり、悪くはなっていない。でも『治った』という言い方はしないでください！」

わたしはスタジオ宛てにほとんど殴り書きのファクシミリを送った。父に無視されたら困ると思ったので、宛て名を同じスタジオ内にいるアナウンサーの「外山恵理さま」とした。恵理ちゃんは笑いながら「永さん、訂正のファクシミリが届いてますよ」と言って、わたしのひどい文字をしっかり読んでくれた。

それまでも、そのあとも「治る病気ではないんだよ、残念ながら」と何度言ったかわからない。しかし、実は、こちらもそう言いながら「でも、なんだかよくなってるよね？」と心の中で思っていた。

父がよく言っていた「ぼくはパーキンソンのキーパーソン」という言葉は、まるで自分がこの難病の治療法開発に重要なキーを握っているのだ、というような気持ちから出た、父らしい言い方だったと思う。ノーベル賞を受賞した山中伸弥《やまなかしんや》教授のｉＰＳ細胞がパーキンソン病の治療にも役立つかもしれない、という報道を聞いた日には、父がとても明るい表情をしていたことを思い出す。

一時期はもうこのまま話もできず、感情も意思も表せず、という状態になってしまうのではないかと思われていた父だったが、急に目が覚めたように、ある意味〝復活〟を遂げたように、我々には感じられた。

「永さんのかかっていらっしゃる先生を紹介してください」という手紙や電話が事務所やラジオ番組宛てに寄せられたのも無理もない話だったが、先生によれば、パーキンソン病の患者さんに処方される薬は、どこの病院のどの先生でもほぼ同じなのだそうである。素晴らしく状態が改善されたように見えても、やはり病気は少しずつ進行していくので、そのときどきで薬の量を調節していくことが大事なのだそうだ。

マイケル・J・フォックスがパーキンソン病であることを公表し、しばらく姿を見ない時期もあったが、その後、再びテレビドラマに登場するようになったのも、この頃だったと思う。父や彼は運のいい患者なのかもしれない。難病とはいえ患者数のかなり多い病気でもあるので、表へ出ていくことで、少しでも同じ病気を持つ人たちの励みや慰めになれば、という思いは大切だと思う。父がそこまで考えていたかどうかはわからないが、ラジオでは自分の病気の話をよくしていた。

インドネシア人介護士の正体

パーキンソン病でお世話になっていた神経内科の病院では、診察のあとにリハビリがあった。

ここでは、座ったまま、横になったままできる簡単な体操を教えてもらうとともに、真っ直ぐで長い病院の廊下を、男性の作業療法士さんが父の脇について一緒に歩くリハビリを行った。

リハビリで廊下を歩く父は、隣に療法士さんがいると安心するのか、少し曲がってきていた背中のせいもあり、ますます前傾姿勢になってしまう。

「永さん、前を見てください。向こうに扉が見えるでしょう」と療法士さんが父に声を掛けながら一緒に歩く。

父は立ち止まって「ふうっ」と息をつき、顔を上げ、廊下の先の扉を見る。

「あそこまで行くの?」

「行きますよ」

療法士さんに励まされて、再び歩き出した父は、少しすると、また前かがみになって、足元しか見なくなる。

わたしはそんなときたいてい、ふたりの横を少し離れて、同じように、ゆっくり歩いた。父は背も高く歩幅もあったから、若い頃は、子どもの足では追いつけないくらいの速足で歩いていたのだが。

あるとき、父に活を入れてやれと思って、横から声を掛けた。

「孝雄くん、また下見てるよ。上を向いて！　上を向いて歩こうよ！」

父がぎょっとした顔でこちらを見た。

「え？　何かいけないこと言った？」

父が苦笑いしている。そこで初めて、はっとした。

そうだよね、その詞を書いた人に「上を向いて歩こうよ！」だなんて。ほとんど反射的に、無意識に出た言葉だったのだが。

「ごめん！」と、わたしはなぜか謝ってしまった。

このことがあってから、父は自分のリハビリ体験、介護される体験について、これを元ネタに毎回たくさんの人が笑ってくれる、次のような話をするようになった。

「リハビリをしています。〝リハビリは裏切らないから〟です。

今、東南アジアから若者がたくさん来ていますね。日本で介護士になる勉強をしている人たちです。

ぼくのリハビリを担当した青年もインドネシアから来た人。あるとき、彼と病院の廊下を歩いていたら、彼が言うんです。

『永さん、下ばかり見ていたら危ないですよ。日本にはいい歌があるじゃないですか。♪上を向いて歩こう、っていう歌、知っていますか』

ぼくは『知らない！』って言いました。恥ずかしかったからです。

それで、そのあと担当医にこれこれこういうことがあった、って話をしました。先生には『嘘はよくないですね、永さん。あなたが作った歌なのに』と言われた。

ぼくも、そうだな、と思って、その青年に、次のリハビリのときに言いました。

『この間は、そんな歌知らない、って言ったけど、本当は知ってるんだ。だってぼくが作った歌だから』
そしたらその青年がね、言うんです。
『まただ、永さん、嘘ばっかり！』」

当時、東南アジアから介護の勉強をしに、大勢の若い人たちが日本に来ていた。ところが実際に研修が始まってみると、日本語の介護用語が難しい、日本人とはやり方が違う、などということがあって、父は、彼らにとって介護士の資格をとるハードルが高くなっていることに心を痛めていた。父としてはそこらへんの事情も絡めながら、ひとつの物語に仕立てたかったのだと思う。

話として面白いし、よくできている。特に後半の展開は、さすがだ。なるほどね、脚本というのは、こうやって書くものなんだね、療法士と介護士の区別もついてないけどね、などと感心したり呆れたりしながらも、内心は穏やかではない。インドネシア人介護士の正体は、わたしなのだから。なんだか手柄を横取りされた気分である。

だいぶ前の話だが、ガソリンスタンドに給油に寄った母が「（車の）前を開けてください」と言われて、着ていたブラウスの前ボタンを外した、という話も、話だけが広まって「永さんの奥さんは面白い」ということになってしまった。

母の名誉のために書いておく。こんなことが実話であるはずがない！　たぶん、免許をとったばかりの母が、ガソリンスタンドで「前を開けてください」と言われて、「どこをどうすれば前が開くのかわからなかった」というような、店員さんとちぐはぐなやりとりをした話を父にしたのだろう。

父が広めたこの話に、母がどれだけ怒っていたことか。父のおかげで、たしかに家族は恵まれた生活をすることができた。しかし、父の言動のせいで、我々が迷惑をこうむった事案も数知れない。

目くじらを立てるようなことではないのかなという気もするのだが、話のネタにされた当人は、その話をされるたびに「そうじゃない！」と言いたい口をつぐむのである。父の話を喜んで聞いてくださる方たちのために、我々は黙っていなければいけない。そう思っていた。

こういうことがたびたびあったから、やっぱり父の話を聞くときには〝話半分〟と肝に銘じることになるのだ。父がいなくなったから、ここに書いてしまったが……。

でも、話の面白さは変わらない。高齢者であること、病気の話、介護や看護の話、リハビリの話、こういった、けっして前向きとは言えないようなテーマでも、自分の体験を基にして、どう人に面白く楽しく伝えるか、父はずっとそのことを考えていた。

「ぼく、今どこにいると思う?」という父の電話

さて、同じ二〇一〇年の十一月のこと。亡くなる一年前くらいまで、父はほかの集まりには顔を出さなくても、月に一回開催されていた句会には、毎回出席していた。その句会の帰りである。句会のメンバーである俳優の小沢昭一《おざわしょういち》さんが止めてくれたタクシーに乗った父は、家に帰る途中で交通事故に遭った。父の乗っていたタクシーが、Uターンをしようとしたタクシーの横腹に突っ込む、という事故だった。

夜の犬の散歩に出ていたわたしの携帯が鳴った。ディスプレイには見たことのない携帯の番号が出ている。出ると、父の声が聞こえてきた。

「千絵ちゃん？　ぼく、今どこにいると思う？」

「へっ？」

そんなこと、いきなり言われたって、わかるわけがない。すると父は「心配しないで。救急車に乗ってるの」と言った。

「救急車⁉」

知らない携帯の電話番号は、救急隊員のものだったのだろうか。さらに間髪を入れず「大丈夫だから！」と言う父の声が聞こえた。

「なにそれ。救急車に乗って大丈夫な人なんていないと思うけど⁉」

「ちょっとうるさいのでサイレンを消してもらえますか」と父が誰かに頼んでいる声がかすかに聞こえた。消せるわけないじゃないか！

「大丈夫だから心配しないで。これから病院に連れていってもらうところ」

「わかった！　すぐに行く！」

まだ散歩途中で帰りたくないと足を踏ん張って抵抗する犬を無理やり引っ張ってうちに戻り、病院へ向かった。

タクシーが横転して、呂律《ろれつ》が回るように？

父が運ばれたのは、顔見知りの整形外科医のいる病院だった。しかもなんと幸運なことに、その夜はその先生が当直だった。

「整形外科のお医者さんが当直じゃなかったら、一晩泊まり、ということになったかもしれませんね」と看護師さんに言われた。よかった、病院に一晩泊まるなんてこと、父に我慢できるはずがない。いくつか検査をして、特に異常なし、ということだった。やれやれ、これで連れて帰れるか、と思ったら、帰る前に警察に寄らなければいけないという。

父をわたしの車に乗せて、事故のあった場所からいちばん近い警察署へ向かう。さっき救急車に乗って病院に運ばれた人が、異常がないとはいえ、なぜ自分から警察に〝出頭〟しなければいけないのか、よくわからなかったが、父は特に嫌がっているようでもなかった。いつだって、新しい体験は楽しまなきゃ損だ、と考える人である。

「運転手さんは無事ですか」

父とは別の救急病院に運ばれたというタクシーの運転手さんを心配して聞く父に、警官は「個人情報ですのでお教えできません」と言った。事故当時の状況や、病院で「今の時点では異常なし」と言われたことなどを伝えて、夜遅く、家に戻った。

翌日の朝、新聞、テレビのワイドショーで「永六輔　交通事故!」というニュースが流れた。どこそこから乗ったタクシーがどこそこで事故を起こし、特にけがはなし。なかには「全治二週間」などという間違った報道もあった。これはすべて警察の発表だった。

「運転手さんの個人情報は守られるのに、ぼくの情報は発表されちゃうんだね」

父が怒るのももっともだ。誰の個人情報も分け隔てなく守られるべきではないか。

父は早速「乗っていたタクシーが横転しました」と自分のラジオ番組で報告した。ここでも「父の話は半分」で聞かなければならない。車は横転はしていない。横転したとしたら、それは車の横腹に衝突された相手のタクシーだったはずだ。

ラジオの番組宛てに「永さん、大丈夫ですか」とご心配いただく手紙やメールが届いているにもかかわらず、父は次のようなことも言っていた。

「乗っていたタクシーが横転しました（してないっ！）。このタクシーにぼくを乗せたのは小沢昭一さんです。小沢さんが言うには『永さん、壊れたラジオって、ひっぱたくと直るじゃない。永さんもさ、あの事故のあと、呂律が回るようになったね。よかったよかった！』」

パーキンソン病の投薬が始まって三ヵ月、症状が改善されてきたことと、この事故の時期が重なっていたのは偶然とはいえ、小沢さんの話が冗談にも聞こえないのがすごい。

事故で怪我をされた方がいるので、そんな冗談でも面白がるのは不謹慎なのだが、この事故の前後から「永さんがまたしゃべれるようになった！」と評判が立ったのも事実である。

第二章

大腿骨《だいたいこつ》骨折からの介護入門

リハビリに
精を出す

タクシー事故の一年後に

ひとり暮らしになってから、父は思っていたより長い間、ひとりで身の回りのことはできたし、我々もその部分に甘えてきた。

しかし、タクシー事故から一年後、二〇一一年の十一月に、父は再び救急車に乗ることになった。今度はタクシー事故ではない。家の中のいつも座っていた椅子の近くで転んで、大腿骨頸部《だいたいこつけいぶ》を骨折したのだ。仕事から家に戻ったときで、ずっと付き添っていた良明が近くにいたのだが、ちょっと目を離した隙のことだった。

ひとりで出歩いて、外で転ばれても困る、と思ってはいたが、外なら逆に、気がついた人が救急車を呼んでくれるだろう。高齢者にとって、実は家の中がいちばん危ない、とは、よく言われることだ。

自転車の転倒のときと同じで、誰もその転んだ瞬間の現場を目撃していないので、本人の言うことを信じるほかないのだが、その本人の証言がときどき変わる。

「電話に出ようとして慌てて、足がもつれた」

「ズボンを脱ごうとして、足が引っかかった」

電話については「間に合わないと思ったら出なくていい」と言ってあったうえに、そもそも子機と、使わない（使えないし使いたくもない）携帯電話が椅子の脇にも置いてあった。

「出なくていいってば。そのための留守番電話でしょ。急ぎの用事なら、またすぐにかかってくるから」と何度言ったかわからない。それでも「電話に間に合わない」と繰り返すので、わたしがかける場合は、まず呼び出し音を二回鳴らして切り、ちょっと待ってからかけ直す、というルールを決め、着信回数も増やした。服の脱ぎ着については、出かけるとき、帰宅したとき、そのときどきで外出時に付き添う人間が必ず手伝った。

父は昔からせっかちな人で、電話に出たいと思ったらすぐに出たい、服を脱ぎたいと思ったらすぐに脱ぎたい人だった。人の都合で待たされることには我慢ができない。

「手伝うから、ちょっと待ってて」と言っても、たぶん耳には入っていない。このときも、外から戻ったら、たぶん一刻も早く服を脱いで〝在宅モード〟になりたかったのだろう。

　これはパーキンソン病のせいとも考えられる。パーキンソン病の人は、肌に、衣服や掛け布団などがまとわりつくことを、不快に感じることがあるらしい。なるべく肌に触れるものが少ないように、我々も気をつけていた。夜、寝るときの布団もなるべく軽いものをかけるようにしていた。そういうことがあり、また長年の習慣もあって、家に戻ると「せぇの！」で薄着になってしまうのだったが、手伝いを待てないという父のせっかちが、転倒の原因だったのではないだろうか。

「気をつけてくださいよ」とかかりつけの神経内科（パーキンソン病）の先生からしつこいくらいに言っていただき、我々も注意をしていたにもかかわらず、父は転んだ。本人も転びたくて転んだわけではないし、周囲の人間だって転ばせるつもりは毛頭ない。仕方がない話だった。

　救急車で運ばれた先は、その一年前にやはり救急車で搬送された病院の整形外科で、今度は即入院となった。本当にたまたまタクシー事故のちょうど一年後のこと。以後永家では「十一月は救急車の月」として記憶されることになった。

父の〝スイッチ〟

病院へ連れていかれたのが水曜日、大腿骨の手術が金曜日、翌土曜日はラジオの生放送がある日だった。さらにその一週間後には講演会の予定があり、浅草の実家の寺の報恩講《ほうおんこう》にも行く予定だった。

仕事を始めて以来、ラジオの生放送を休んだことがない、というのは父の自慢でもあったのだが、それにしても手術の翌日の生放送は無理に決まっている。でもせっかく何十年と休んだことのない自分の番組に穴をあけるのはいかにも残念だ。

スタジオには行けないが、声は届けられる。

番組スタッフと相談して、スタジオと電話で話をしよう、ということになった。というわけで結局、二ヵ月の入院の間、何度かは生放送のスタジオと電話で話をして番組に参加、それができそうもないときには、スタッフが声を録音しに来てくれることになった。

個室だったので、病院に許可をとり、スタッフが機材を部屋に持ち込んで、声を録《と》った。マイクの前で話をするとなると、父は〝スイッチ〟が入る。身体がどんなに痛くても、このスイッチが入ると、そこが病室だということは関係なくなるようだった。ラジオの「放送中」の赤いランプをつけると元気が出るため、「あれを天井につけておこうか」という冗談も出るくらいだった。

土曜日の生放送以外にも、週に一度、『誰かとどこかで』というラジオ番組の収録もあった。これも毎回ではなかったが、番組スタッフとお相手の遠藤泰子《えんどうやすこ》さんが病室まで来てくださって、録音をした。この番組は終了時まで四十六年九ヵ月間続いて、一万二六二九回という記録を持つ長寿番組となった。

夜中に始まった父の〝ひとりラジオ〟

手術翌日にラジオの生放送があるということは、父もそうとう気になっていたようだ。

手術をした日の夜は、病室に簡易ベッドを用意してもらって、わたしが付き添うことになった。今にして思えば、父にはまだ麻酔が効いていたのだと思う。わたしは固い簡易ベッドの上に座って、父の様子を見るともなく見ていた。

夜の十時頃だったろうか。病院だから、もちろん消灯時間はすぎている。薄暗い部屋の中で、父が突然、声をあげた。

簡易ベッドに座っていたわたしは自分が呼ばれたのだと思って、ベッドから立ち上がって「はい!」と返事をしようとした。しかし、どうも様子がおかしい。すると、起きているのか寝ているのかもわからない父が、滔々《とうとう》としゃべり出した。

わたしがなにごとかと唖然としているうちに、どうやら翌日の生放送でしゃべるつもりらしい内容だということがわかってきた。

「転んでしまいました。お医者さまには『絶対に転ばないように。転んだら、寝たきりになる可能性もあります』と言われていたにもかかわらず、です」

スタジオで、まるで目の前にマイクがあるように話し続ける。夢を見ているわけではない。脈絡のない話ではないのだ。翌日の番組のアタマでしゃべろうと思っているとしか思えない内容を、実によどみなく、理路整然と、滑舌も悪くなく、まあ、しゃべる、しゃべる。

実は、父がよく夢を見る、寝言を言う、ということは母から聞いていた。

「はい！　オッケーです！」

「じゃ、もう一回いきます！」

まるでスタジオにいるような寝言を、母は若い頃から父の隣でよく聞いていたらしい。「声が大きいからびっくりして起きるんだけど、言った本人は寝てるのよ」と文句を言っていた。

ラジオの放送以外にも、父は若い頃に舞台監督をやったり、草創期のテレビの現場でも仕事をしていた。仕事のことが四六時中頭から離れない人だったのだろうと思う。

夜の病室で、父の〝ひとりラジオ〟を、わたしはしばらく呆然と聞いていた。うんうん、そうか、なるほど。感心している間も、ぺらぺらと父は話し続ける。

うんうん、それでそれで、と聞いているうちに、これは録音しなくちゃいけないのではないか、と急に思った。病室だから、録音できる機械はわたしの携帯電話しかない。そこで、携帯の電源を入れたとたん、「ちろん」と電子音が鳴った。その瞬間、あれだけしゃべっていた父が急に黙った。

しまった。そっとベッドに近づくと、しっかり目を開いて起きている父がいた。

「大丈夫？　だいぶいろいろ話をしてたみたいだけど」

起きたばかりに見える父に聞いてみた。

「話してた？」

「話してたよ、明日のラジオで話すつもりだったみたいな内容を」と答えたものの、言われた父は寝起きのようで、明らかにぼーっとしている。寝たまま、立て板に水のように話をしていた状態より、目を開けているときのほうが夢を見ているみたいだ。

どれだけ仕事に生きてきたんだろう、この人は。

さっきまでとは打って変わって、ぼんやりした様子の父を見て、そう思った。

大腿骨骨折手術後の「せん妄《もう》」

大腿骨骨折だけなら、術後少し経てば、生放送も収録もできそうなものだが、そうはいかなかったのには理由がある。

救急車から下ろされてすぐ「大腿骨頸部骨折なので入院して手術をします」という説明をお医者さんから受けたときに、退院までは少なくとも一ヵ月はかかるだろう、と聞かされた。父の脳裏には、そこから一ヵ月間の仕事の予定が駆け巡ったにちがいない。生放送があり、収録番組があり、講演会、コンサート、報恩講と入っている予定は、自分なしでどうなるのだろうか。

入院後、すぐに手分けしてあちらこちらに連絡を入れ、事情を説明するのはもちろん、その経緯は父にも報告したのだが、父としては、怪我とはいえ自分の都合で仕事先に迷惑をかけた自分が許せなかったのだと思う。

そんな父のあせりも関係したかもしれない。手術後何日かするうちに、父の様子がおかしい、ということに我々は気づいた。

手術したばかりで足も動かせない、まだ安静のうちから、次の仕事の予定はなにか、どこへ行けばいいのか、をしつこく聞くのだ。

「骨を折って手術をしたこと覚えてる？　しばらくは動けないんだよ」

「仕事先には連絡をしてあるから。心配する必要はまったくないからね」

「迷惑はかけたけど、みんな待っていてくれるからね」

入院中の二ヵ月間、そばについている妹の麻理や夫の良明、わたしが、父に何度も同じ言葉を繰り返したが、父は納得がいかないようだった。

これが「せん妄」という状態らしいことは、看護師さんから聞いた。現在の時間や自分のいる場所がわからなくなる見当識《けんとうしき》障害から始まるケースが多く、睡眠障害、幻覚・妄想などを引き起こす。症状は数日間から数ヵ月間継続し、入院をした年配の男性で多く発症するという。

「とにかく早く治ってもらって退院するか、今のこの状態でも仕事を再開しなかったら、このままおかしくなってしまうのではないか」

周囲の誰もが不安になった。そろそろ退院かという頃に、胆嚢炎《たんのうえん》を起こしてしまったのも運が悪かった。これで退院がさらにひと月延びてしまったのだ。

せん妄状態だった父は、自分がどこでなにをしているのか、まったくわかっていなかったようだ。手術後すぐ、まだ立てないうちから「帰ります」と言って立とうとする。夜中でも、ベッドから立ち上がろうとするものだから「どなたか付き添ってください」と夜、病院から呼び出されることもしばしばだった。

手術から一週間後のお檀家さんを前にした報恩講には、出席する代わりに病室でテープに話を収録して持っていくことになったのだが、ここでも不思議な光景を見た。父は自分が病室にいるという意識がないようで、半分朦朧《もうろう》としたまま、きちんと話をしているのだ。視線は病室の壁をじーっと見ている。あの視線の先には、集まってくださった方たちの姿が見えていて、それに向けて話をしているのだろうとわたしには思えた。

結局、入院中は、朝から晩まで、麻理と良明とわたしの三人で手分けして時間を決め、病室に張りつくことになった。

夜、ぐっすり眠れるようにするためには、昼間はなるべく寝かせないように、ということで、病院でもできる仕事、お見舞い、考えつくことをいろいろ挙げて、病室の壁に板を立て、そこに「今日の予定」「明日の予定」と書いた紙を貼って、リハビリは何時から、先生の診察は何時から、午後は誰それがお見舞い、と予定を書きつけていった。

父は何十年という間、A5のノートをスケジュール帳として使っていた。予定が見開きにぎっしりと書き込まれたノートだった。あのページに書き込まれた予定が、ある一時期とはいえ、全部吹っ飛んだと考えれば、精神的に多少混乱してしまっても、おかしくはない。

麻理や良明と相談して、とにかくあれこれ知恵をしぼって予定を立てまくったが、元気で仕事をしているときのように、一日がびっしり予定で埋まるはずもなかった。

父が病室で見た「男の子」

病人、怪我人が病院にいてくれれば家族は安心だと思うのだが、うちの場合はまったく逆で、父が病院にいることで家族はとにかく落ち着く暇がなかった。起きている間は、必ず誰かが病室にいなくてはいけない。おまけに、なんだかんだと声を掛けて昼間は起こしておかなくてはいけない。お見舞いの方に「この人は大丈夫なのか」と思われたくないので面会時間には必ず同席しなくてはならない。

昼間はなるべく寝かせないようにはしていたのだが、こちらの体力気力もなかなか続くものではない。病室で一緒にうとうとしてしまうこともあった。せん妄状態だと、父が突然なにか言い出しても、それが昼寝で見た夢なのか、父にとっての現実なのか、わからないことも多かった。

「あれ？　男の子はどこいった？」

「男の子って、誰のこと？」

「さっきまでここにいた子」

そんなやりとりは日常茶飯事。お見舞いに来る孫たちのことではないらしい。父のいた病棟は小児科病棟とも近かったのだが、〝誰か〟が遊びに来ていたのか。一緒の病室にいる身としては、見えない誰かが遊びに来ていたとは考えたくない。

このようにせん妄状態になると、我々には見えないものが父にははっきりと見えることもあり、なにかをじーっと見つめているということがしばしばあった。父に近づいて「大丈夫？」と声を掛けると、いきなりわたしの背中越しに指をさす。

「え、なに!?」

慌てて振り返っても誰がいるわけでもない。ざっと背中に走るものを感じながら「やめてくれるかなぁ、そういうの！」と言ったところで、本人にはこちらに見えないものが見えているのだから、父だってやめようがないのだ。

そういう状態のときには、仕方がないので、こちらから「なにか見える?」「誰かいる?」と聞くようになった。「うん」と言われても、こちらも「あ、そうなんだ」と答えるしかなかった。

おかしなことを言い出したり、見えないものが見えたり、こういう状態は、退院までの約二ヵ月間続いた。


この症状は、今思えば、パーキンソン病の影響もあったかもしれない。幻視、というのはこの病気で出る症状のひとつらしい。

介護の仕事をしている知人から聞いた話では、あるパーキンソン病のおじいさんには、年がら年中、家の中に水道屋さんがいるように見えるのだという。聞いたときには思わず笑ってしまったのだが、ちょっとぞっとする。

困ったときの「鎌ちゃん」の一言で

入院中の父の一日の予定のうち、重要だったのは午前と午後に一回ずつあるリハビリだった。

手術後の経過もよく、立てるようになってからは、ふたりの療法士さんがかわるがわる病室まで迎えに来てくださって、父を病室の外に連れ出した。リハビリの部屋へ行くこともあれば、病棟の入院患者のためのサロンまで歩いて往復することもあった。

嫌な顔をしながらも、父はリハビリをよく頑張ったと思う。退院してからもリハビリにはしばらく通ったが、病院内のリハビリ施設は入院患者のためのものということで、行けなくなってしまった。そのとき担当してくださった若い療法士さんふたりには本当に感謝だ。

自力で立てるようになったのはうれしかったが、一方で困ることも増えた。

「はい、もう帰ります」という父の勝手な帰宅宣言を無視できなくなってしまう。そこで、ベッドの下に、足を下ろしたらナースセンターにつながるシートが敷かれ、部屋に監視カメラがつけられた。

退院がひと月延びることになった胆嚢炎という診断から、父は絶食することになった。せん妄も続いていたので、さすがにこのままではまずい、と思い、父の友人であり主治医のひとりでもある鎌田先生に連絡を取った。父にとっては困ったときの「鎌ちゃん」である。父は「鎌ちゃん」(たまにすぐに名前が出てこないときには「茅野の院長」)と呼んで、なにかと先生を頼りにしていた。

先生は本当にお忙しい方である。わたしが知るかぎり、全盛期の父と同じくらい忙しいので、連絡を取らせていただくたびに心が痛んだ。そんな先生はお忙しいにもかかわらず、イラクの子どもたち、チェルノブイリの子どもたちのお世話をなさる合間に、父のこともきっと同じように気にかけてくださっていた。

「父がずっとおかしいんです」という電話に、お忙しい先生は「近々、東京に行くから」とおっしゃって、移動の合間に父が入院している東京の病院に寄ってくださった。

「永さん、帰りましょう!」というのが、たしか鎌田先生の第一声だった。

「家に帰りたいでしょ? ね、こちらの先生から許可が出たら、すぐにでも、いったん家に帰ったほうがいい。そうしましょう」

「帰る」「帰る」と言っていた父が、絶食から回復する頃には、逆に少しずつ気力を失っているように表情もくすんでいたのが、鎌田先生の「帰りましょう！」という言葉を聞いた瞬間、顔にすうっと血の色が戻ってきたように見えた。

父を置いて病室を出てから、先生にお話をうかがった。せん妄は入院患者にはよくあることで、けっしてめずらしいことではないのだけれど、それがあまり長く続くと、高齢者の場合、命取りにもなりかねないという。足のほうのリハビリも順調なようだし、とりあえず一時帰宅して、そのあと、頃合を見て、できるだけ早く家に戻ったほうがいいと思う、ということだった。

「家で看取りたい」という思いにつながった経験

入院先の病院で二〇一二年の年が明けた。

鎌田先生のアドバイスで、日帰りで家に戻ったり、手のあるときには車椅子で病院の近所に外食に出たりするようにした。短い時間でも家に戻る、病院から外へ出るというだけで、父は次第に自分を取り戻していった。

母の命日と父の快気祝いを兼ねて、二〇一二年一月六日には、親戚や母の知人を招いて新年会を開いたのだが、父はすっかり元気そうで、入院しているときとは見違えるようだった。

二〇一一年の年末頃には、麻理や良明と、このままこの状態が続いたら父に仕事を辞めさせるかどうか、本気で相談することもあったのだが、年明けに退院する頃には、いつもに近い状態に戻っており、なんとかこのまま仕事も続けられるだろう、と皆胸をなでおろした。

退院してから入院中の話をしても、父が本当になにも覚えていないということは、またあらためてショックだった。

「まだ動いちゃいけないっていうのに『帰ります！』って言って立とうとしたりね」

「おかげで夜中に病院から電話で『手が回らないので、ご家族が付き添ってくださ い』って呼び出されて」

「いきなりなにもない壁を指さして『あれはなに』って言ってみたり」

「誰それがここにいた、って、来てもいない人の名前を言ったり」

父が病院でどういう状態だったか、我々がどれだけ大変な思いをしたかということをちょっと思い知らせてやりたいと、あれこれ話をするのだが、父は「まったく覚えてない」と言う。

きっと本当になにも覚えていなかったのだろう。意地の張り合いみたいになるのもばかばかしいのだが、「知らない」「覚えてない」ではこちらもあまりにも悔しい。

新年会に出席するなど日帰りで病院から外出したり、外に散歩に連れ出したり、という日がしばらく続き、ようやく正式に退院の許可が出た。このときにはもう意識はしっかりしていた。とにかく家に帰れば大丈夫、と痛感した。

鎌田先生のおっしゃった通り、家に戻った父はすっかり落ち着いた。

父は以前から、地方へ講演などに出かけても、夜は必ず家に戻ってきた。一晩泊まってくれれば身体も疲れないだろうと思うのに、家に戻って家で寝ることが、父にとっては大事なことのようだった。

このときの経験が、のちに「最期はやっぱりうちで」という思いにつながった。

父をやる気にさせた療法士「カロムさま」

退院したあとも大腿骨頸部骨折後のリハビリは続いた。「寝たきりになる可能性もあります」と言われたこともあったが、父は頑張った。

午前と午後とにリハビリの時間があって、二名の若い男女の療法士さんが面倒を見てくださった。女性の理学療法士さんはもの静かな方で、主に日常生活の動作を、男性の作業療法士さんは、立ち座り、歩行などの大きな動作を見てくれているようだった。

入院中、父を見てくれたこの療法士さんのリハビリのやり方は、我々も見習わなければ、と思うことがいくつもあった。家に戻って、我々が同じことを言っても、なかなかやってくれないだろうことはわかっていたが。

たとえば――。

男性の作業療法士さんに、病室からゆっくり歩いて廊下に連れ出された父は、廊下の少し先にある、入院患者や家族が飲食できるサロンのようなところまで歩かされる。

そこに着くまでに、相当疲れるのだろう、表情はもういい加減げんなりしているのだが、療法士さんは父の様子を見ながら、なんとか歩く距離を稼ごうとしていた。大きな窓の近くを指さして「じゃあ、あそこまで歩いてみましょうか」と父に窓と廊下の間を往復させる。

サロンの窓と廊下の間を行き来していると、あきらかに父の表情には疲れが見え、顔が暗くなっていく。

「あと何回?」

仕事でも家にいても、何時に何がある、何時にどこへ行く、これはあと何分で終わる、というスケジュールに厳格だった父は、リハビリのときにもそれを知りたがった。

「何時から何時までやるの? 何回往復するの?」

そして「はい、じゃあ、あと二回で終わりにしましょう」と回数が決まれば、少しはその気になるのだった。

脇を支えてもらわなくても、なんとか自力で歩けるようになっていたある日。病室から連れ出され、サロンの大きな窓と廊下の間を何回か往復した父は、周りに聞こえるように「はあ〜っ」と大きくため息をついた。いつもながらの、もうそろそろ終わりにしたい、というアピールだ。

その日は、本当はまだ時間が残っていて、「終わらせちゃったらもったいないなあ」とわたしが端から余計な心配をしながら見ていると、窓際に残って、父の歩く様子を背中から見ていた療法士さんが「はい、永さん、お疲れさまでした」と言いながら、ふっと窓の外を見て言った。

「あ、あれ？　永さん、あれ、なんでしょう」

人一倍好奇心の強い父だから「あれはなんだろう」という言葉には即座に反応した。

「なに？」

「ぼく、ちょっとわからないんですけど、あれ、なんだと思います？」

「え、どれどれ？」

父は彼に教えてもらった通りに、慌てずゆっくり身体の向きを変えて、また窓のほうに歩き出した。

「ゆっくりでいいですよ、ゆっくりで」と声を掛ける彼の表情に、父がどの時点で気づいたか。歩きながら、父の疲れた顔に「その手で来たか」とでも言いたげな、にやにや笑いが浮かんでくる。

「なんだよ！」

「あれですよ、あれ」

彼が指をさす窓の外に、そのとき何があったか覚えていないが、応援観戦していたわたしは心の中で拍手喝采である。

このじいさんは好奇心旺盛なじいさんだ、ということを見極めて、もう一回往復させるにはどうしたらいいか、彼は考えたのだ。してやられた、と思っただろう父は、でもきっとうれしかったと思う。「頭を使った〝罠〟には、まんまとハマるのも悪くない」と思ったのだろう。

その後、父が何度か同じ手にひっかかった覚えはあるが、喜んでひっかかっていたのだと思う。父もリハビリはやらなくちゃいけない、とわかっていたのだろうから、それでいい。

懸命な父と賢明な療法士さんのおかげもあって、父は再び歩けるようになった。

その療法士さんの名前はとても珍しい苗字だったのだが、言い間違えたのか覚えられなかったのか、なぜか父は彼のことを「カロム」と呼んでいた。頭を使っていろいろな手を考え出し、自分を歩かせようとする彼を、父もきっと心の中で気に入っていたに違いない。家族の間では彼のリハビリの時間を「カロムさま降臨」と呼んでいた。

父が大事にしていた祖父の言葉

リハビリのおかげで、父は再び歩けるようにはなったのだが、以降は念のために車椅子をレンタルし、仕事に出かけるときには、車に積んでいくようになった。

しかし、近くの馴染みの店にコーヒーを飲みに行く、あるいはラジオ番組や実家に届いた手紙やハガキの返事を出しにちょっとポストまでという距離は、自分でゆっくりゆっくり杖をついて歩いていた。

父はとにかくよくハガキを書く人だった。書いた字が自分で読めなくなった一時期と最晩年をのぞいては、毎日ハガキを書いていた。自分が書きたい相手はもちろん、自宅、事務所、ラジオ番組に届いたハガキに返事を書いていた。

父の返事の言葉は短く簡単なものだった。「ありがとう」「ごちそうさま」「また近いうちに」などなど、ほんのひと言だ。そうでなかったら一日に何十枚も書くのだから大変だ。

「人の手紙に返事を書けないほど忙しいのは恥ずかしいこと」という祖父の言葉を父も繰り返し言っていた。父の父は浅草の寺の十七代目の住職だった。父は自分の父であるこの祖父が大好きで、この言葉をとても大切にしていた。

最寄りの駅前にあるポストまでの道は、人通りが多い。元気な頃の父だったら歩いて五分で行けただろうが、二〇一一年の大腿骨頸部骨折のあと、杖を使うようになった頃には、十分以上かかったのではないだろうか。

「ちょっとポストまで行ってきます」

そう父から電話があるたびに「いいよ、テーブルの上に置いといて。あとでわたしが出しに行くから」と言った。

「でも外の風に当たりたいから」と言えるときは、父が元気なときだった。ため息をつきながら「わかりました。ここに置いておきます」と言うのは、あまり調子がよくないときだ。自分が万が一でも転んだら、我々にまた迷惑がかかる、という遠慮もあったかもしれない。

娘二人で父に唱えた呪文

毎月、定期健診に行くクリニックの半年に一度の検便で、大腸ポリープの陽性反応が出た。二〇一二年の夏には、その切除のため、また入院することになった。

今度は救急車でいきなり病院へ連れていかれるわけではない。こういう処置をします、こういう手術です、経過がよければ二週間くらいで退院です、という説明を十分に受けてからの入院だったので、父もあきらめ顔ながら納得はしていたようだ。

手術前には麻理とふたりで「ここは病院だよ。これから手術だけど、すぐに終わるからね。ここで待ってるから、しっかりね。目が覚めたら『ここは病院だ！』ってことを思い出してね」と右の耳から左の耳から、何度も呪文のように同じ言葉を繰り返した。入院して、またせん妄が出たら大変だ、と我々もびくびくものだった。

しかし、そんな心配をよそに、手術は腹腔鏡《ふくくうきょう》で行われ、あっという間に無事終了。

執刀された先生が切除された父の大腸の小片を見せてくださった。

「うっ」と言って麻理が目をそむけている横で、わたしは「わあ、すご～い！」と父の身体の一部分だったものをまじまじ見つめ、「これ、触っていいですか」と言いたくなるのを必死で我慢した。


このときには、入院期間中、心配していたせん妄もなく、しかも予定より早く、十日ほどで退院することができた。おなかの小さな穴はあっという間にふさがり、退院が近づくと、父は「早くうちに帰りたい」と繰り返し訴えた。

父のこの言葉だけで、どんなに安心できたかわからない。「帰ります！」という言い方とは違って、我々に連れて帰るよう要求するというのは、意識がはっきりしている、ということの証拠だったから。

第三章

車椅子の上で

父の前向きな姿勢に
助けられて

薬を飲まない父の言い訳

二〇一一年十一月に大腿骨頸部を骨折し、その後、リハビリに励んだ父はひとり暮らしに支障のない状態に戻ることができた。その頃には、わたしは父の家に毎朝電話して、様子を尋ねるようにしていた。身の回りのことは父も自分でできていたのだが、電話で確認しても、パーキンソン病や前立腺がんの薬をきちんと飲んでいないということが何度かあったからだ。

朝ごはんと朝の薬が一日でいちばん大事だということは父にもわかっていたはずだ。とりわけパーキンソン病の薬の場合は、朝食後の服薬は欠かすわけにいかなかった。

「おはよう。ごはん食べた？　薬飲んだ？」

「うん」と言うから安心していると、午後、父の家に寄ったときには、前日に用意した薬がそのまま、なんていうことが何度かあって、午後はともかく、朝だけは様子を見にいかなくてはダメだと思うようになった。

「朝からわざわざ来なくていいよ。電話でいい」

「だって、薬飲んでくれないから！」

前日に、台所のテーブルの上に「朝」「昼」「晩」と書いた付箋をつけて、小皿にそれぞれの薬を用意するのだが、その皿に飲むはずだった薬が残っているのを見ると、こちらもがっかりしてしまう。

ノートを作って、そこにも「朝」「昼」「晩」と書き入れ、そちらには食べたものを書いてもらっていた。そこに、薬の小皿につけた付箋を飲んだ証明に貼ってもらうのだが、それもうまくいかなくなった。そもそも薬を飲まなくてはいけない、という決まりごとが嫌でたまらなかったのだと思う。

「おいしかったら飲むんだけど」

まるで子どもみたいなことを言う。

二〇一二年頃から、わたしは毎朝、父の家に通うようになった。朝の薬の確認をするのが第一の目的だったが、行った際に、「買い物に行きたい」と父に言われれば、車で一緒に買い物に行ったりもしていた。わたしの仕事はたいてい午後からなので、午前中は父に付き合うことができた。

「いいよ。大変だから来なくても」と毎朝、わたしの顔を見て父は言う。父にしてみれば、わたしが朝から家を出ることについては、わたしの家族に対する遠慮もあったかもしれない。しかし、父を放ったらかしにしておくわけにはいかない。台所に立つことが嫌いではない父だったが、そこらへんにあるものをぱぱっと食べておしまいにしてしまう。薬もちゃんと飲んでくれるかどうかわからない。それでは困るのだ。

「子どもたちは？」

そう尋ねられると、「学校に行ったから大丈夫」と答えていた。実は、半分本当で半分嘘だった。その頃、長男は大学生だったが、次男はまだ高校生。大学生の長男は講義によって朝は早かったり遅かったりなので「もうご自分でお願いします」だったが、高校生の次男には毎日お弁当を作らなければならなかった。朝ご飯の用意もしてから「じゃ、行ってくるね」とわたしが先に家を出ていたのだ。

父には決まった仕事のある日が週に二日あり、その日は朝から良明が代わりに行って、父の様子を見てくれることになった。

父が台所に立つと

父は食べるものにあまり注文をつけることはなかった。歯が悪かったので、父にとっては基本的に軟らかいものがおいしいものだ。

旅や仕事で外食の多い父だったので、母が元気だった頃は、家では母が父にしっかり野菜を食べさせようといろいろ工夫していた。父の歯のことを考えて、母が茹でるブロッコリーは口に入れるとほろほろと崩れてしまうほど軟らかかったし、ほうれん草もぐずぐずになるまで茹でてあった。あれで野菜の栄養が摂れたのか疑問だが、食べないよりはまし、である。

お漬物は入れ歯の調子がよければ、ぱりぱりと食べることもあったが、家で食べるお漬物は、母が細かく刻んでいた。

父は自分でも刻みものが得意で、めずらしく家にいるときには、母が台所に立って夕飯の支度をしているところをのぞいて、「なにか刻むものない?」と聞いて手伝っていた。きゅうりのお漬物とか、薬味のミョウガとかシソとか、刻めそうなものがあると、母に代わってまな板の前に立ち、包丁の音も軽やかに、見事に細かく小さく刻むのである。刻み終わると「ほかに刻むものない？」と尋ね、母が「ええーっと」と刻めるものを探す。

刻むものが見当たらなくなると、父は梅干を叩き出す。冷蔵庫から梅干を出してきて種を取り出し、刻んで叩きまくる。この梅肉を小皿にとって、やはり刻んだミョウガやシソを混ぜ込んで、唐辛子をふって、そこに醤油をかけて食べる。刻んだお漬物があれば、それも一緒に和えてしまう。

父の梅干の食べ方を見ていて、塩分の摂りすぎではないかと心配だったのだが、実際にはそうでもなかったようだ。というのも、後年、お医者さまからはとくに塩分で注意されることはなかったし、むしろ「塩分は控えすぎないように」という注意を受けたくらいだった。

とにもかくにも、父が台所に立つと、永家の食卓は刻みものだらけになってしまうのだった。

偏食家の父

父が好きでよく食べていたものに〝うなぎのタレごはん〟があった。うなぎは軟らかいし栄養価も高いので、父に食べさせるには最適な食材だったのだが、父の食べ方はときに我々の期待を裏切った。

あるとき、ふたりで買い物に行ったスーパーマーケットで、父がうなぎのタレを見つけた。もちろん、同じコーナーにうなぎも売っていたのだが、父はタレのボトルだけを買い物かごに入れた。

「え、タレだけ買うの?」

「これ、ごはんにかけるとおいしいんだよ」

「いや、おいしいのはわかるけど、タレだけはやめようよ。せっかくだから、うなぎも買おうよ」

「いいよ、タレだけで」

「うなぎ買おうよ!」

父はタレを買い物かごに入れて満足したのか、カートにつかまって、先へ先へと歩いていってしまった。

「ねえ！　うなぎ買って！　うなぎ！」

「いらない！」

ちょっと高級なスーパーの通路で、うなぎを買う買わないの父子喧嘩である。近くを通るマダムにくすっと笑われた。

うなぎのタレはたしかにおいしい。温かいごはんにかかっているだけで、満足する気持ちもわかる。

が、父には栄養価のあるうなぎ本体を食べてほしかった。タレとごはんだけでは栄養が偏ってしまう。

そんな偏食な父だったが、食事に関して、お医者さまから食餌制限を受けることがなかったのは助かった。食事に気を遣わなければならなかったのは、一時期、薬のせいで納豆が食べられなかったことくらいである。塩分や糖分も制限なし。食べるものに制限があったら、大変だったろうと思う。

手つかずだった、わたしの作ったお弁当

妹の麻理と違って、わたしは料理が苦手である。食べること自体があまり好きではないからかもしれない。麻理の子どもたちが給食のある学校に通って、なぜ、わたしの子どもたちが毎日お弁当が必要な学校に通うことになったのか。まだ母が元気だった頃、「(子どもたちの)学校が逆だったらよかったのにねぇ」と気の毒そうに言われたことがあった。

父は基本的には自分のことは自分でできていたが、二〇一三年頃から、家での食事や掃除などの家事は、麻理と良明とわたしが交代で手助けするようになった。その前から、麻理は自分の家で父用の食事を作って、週に何回か実家の冷蔵庫に入れてくれていた。父は仕事で外食して帰ってくることもたびたびあり、家で毎食を食べるわけではなかったが、冷蔵庫になにかしらすぐに食べられるものが入っているのは安心だった。

一方わたしは料理が好きではないので、父が好きそうな惣菜を買って届けることが多かった。しかし、毎回買っていったものを食べさせるのも気がひけたので、麻理の作る食事とは質も量もバリエーションも比べ物にはならないが、わたしも少しずつ作って持っていくようになった。

父がわたしの作った料理を食べてくれるかは、少し不安だった。父がわたしの作ったものを食べないかもしれないと思ったのには、ひとつ思い当たる理由があった。

二〇〇一年十月、母を家で看取りたい、と、実家に連れ帰ったその当日の午後のこと。当時、父は心痛で本当に食事量が少なくなっていた。わたしは、母が、そんな父の状態を心配していることを知っていたので、その日の朝、子どもたちのために作ったお弁当と同じものを実家へ持っていって父に食べてもらおうと思ったのだった。

母がようやく家に戻れた、母を連れて帰れたことで、わたしはちょっと気分が高揚している状態だったと思う。もうほとんど口から食事を摂れなくなっていた母の前で、父に向かって「ここにお弁当置いておくから食べてね」と言ってしまったのだ。

わたしとしては、父はちゃんと食事をしているよ、ということを母に見せたかっただけだった。父が、食事を摂れない母の前で、自分だけなにか食べるなんてことができるはずもないことくらい、わかりきっていた。それなのに、わたしは父に「食べてね」と声を掛けてしまった。もちろん、麻理もわたしも、母の前で食べ物を口にすることは絶対になかった。なんてバカなことを言ってしまったんだろう、と、すぐに後悔した。

母には、食べない父の心配をさせたくなかった。父はちゃんと食事を摂っているんだよ、ということを伝えたかった。言い訳させてもらうなら、そういうことだ。母だって、自分のせいで父が痩せていくのを見るのはつらかろう、というわたしの想像は無駄だっただろうか。

父はあの日、わたしの作ったものには手をつけず、結局、お弁当は翌日までそのまま残された。

父が喜んでくれたわたしの料理

あのとき以来、わたしは自分が作ったものを父に食べてもらえなくても仕方がないと思っていたのだが、父の家に通って食事を届けるうちに、焼きおむすびと茄子の揚げびたしの二品については、お褒めの言葉をいただくことになった。

世間では「おにぎり」という言い方が一般的かもしれないが、父はこの言い方を嫌がっていた。「ごはんは握《にぎ》っちゃいけない。お米を結ぶんだ」とよく言っていた。

父譲りのわたしの手はデカいので、作るおむすびもデカくなる。

「焼きおむすび、おいしいんだけど大きすぎる……」と父に言われて、なるべく小さく〝結ぶ〟ように頑張った。たしかに、小さめのおむすびのほうが、食べやすい。それに、一個、二個、三個と小さいものでも多く食べてくれるほうが、作り手として満足感が大きかった。大きい一つのおむすびだと、食べてくれたとしても、残ったときに悲しくなる。

茄子の揚げびたしは、茄子の皮に細かい切れ目を入れて揚げると、皮が歯に当たらない。わたしも自分で試食したが、口の中でほとんど噛まずに済んだ。噛んで顎を動かすのも大事なことなのだが、それより食べてくれることのほうが大事だ。

切れ目もまっすぐ細かく、とか、十字に細かく、とか、いろいろ工夫した。包丁を小刻みに動かしながら、わたしは父の〝刻み職人〟としての血を継いでいるとしみじみ思った。父も「おいしい」と言って食べてくれた。

挫けそうになったときに助けられた父の言葉

『わすれな草』というドイツのドキュメンタリー映画がある。監督の母親が認知症になり、その母親を介護する日々を自ら撮影した作品である。

息子が「はい、この薬を飲んで」と言って薬を差し出すと、母親はその薬をそのまつき返し「あなたが飲めば」と言う。

笑ってはいけないのだが、思わず笑ってしまう。というのも、わたしと父にも、こういう場面はよくあったからだ。父は頭はしっかりしていたが、わたしとのやりとりは、この映画のお母さんと息子のやりとりと、さほど変わらなかったような気がする。

毎朝毎日、父の家に通うという繰り返しは、先が見えないだけに、ふっと逃げ場のない圧倒的な疲労感に襲われることがときどきあった。このまま、父の家に通いながら、仕事も続けていくとなると、こんな状態がいつまで持つのか、不安と緊張で挫《くじ》けそうになる。

そんななか、薬を飲んでもらうとき「おいしければ飲むんだけど」と言われると、思わず「子どもか！」と、呆れるより前に、思い切って笑ってしまうことで、気が抜けて楽になることがあった。

父の闘病に付き合いながら、思わず笑ってしまった場面がほかにもなかったわけではない。

たとえば、湿布貼りである。

父は、前立腺がんの治療で通う泌尿器科で一ヵ月に一回、下腹に注射をしていた。この注射痕が熱を持ったように痛むことがあったため、注射のときには必ず痛み止めを一緒にもらっていた。これを一日に二回から三回、一定の時間を置いて飲む。さらに、注射を打ったところに、気休めのようなものだったが、湿布を貼るとひんやりとして痛みがまぎれるようだった。この湿布も一日に一回か二回貼り替えなければならない。父が自分で貼るのはなかなか難しいので、わたしが手伝うのだが、これはなかなか楽しいイベントだった。

湿布を貼るのを手伝うときには、貼る前に「いくよ〜」と声を掛けなければいけない。湿布のひんやり感は、熱を持った注射痕には気持ちのよいものだったようだが、黙って貼ろうとすると父は「いきなり貼らないで！　驚くから！」と言う。

「わかった。じゃあ『いくよ〜』って言ってから貼るね」と、湿布のシールをはがして準備する。

「いい？　いくよ〜」

「ちょ、ちょっと待って」

わたしは今まさに貼ろうとした湿布を手にしたまま、父は立った状態でシャツをおさえたまま、思わずふたりで笑い出してしまう。

「どうして湿布を貼るときって、笑っちゃうんだろう」

「笑うよねぇ。なんでだろう」

「ふう」と呼吸を整えた父が、「はい」と言うのを待って、「貼ります！」と声を掛け、湿布を父の下腹に貼りつける。

「ひ〜っひっひっひ」と響く父の声は、笑い声のようでもあり、悲鳴のようでもあり、湿布を貼るときは、ふたりとも妙にテンションが高くなっていた。

こういう些細なこと、なんでもない瞬間が、今、楽しく思い出される。

息子ふたりを追い出して

実家に通う日々がいつ終わるともわからず、二〇一四年春、大学進学が決まった次男が寮に入ることになったのは、わたしにとっては本当にありがたいことだった。

「やった！　息子が家からいなくなる！」

母としては息子が家にいればなんだかんだと世話を焼きたくなってしまうもの。父の世話も大事だが、世話を焼くなら息子の世話を焼きたいと思うのが母親としての正直な気持ちだ。

せっかく次男が家からいなくなってくれるので、こうなったら、と、ついでに長男も家から追い出すことにした。こちらは大学を卒業してちょうど大学院に入るところだった。アルバイトもしていて、朝出かける時間も夜帰ってくる時間もいちいち確認するのが面倒だった。当人も毎朝「今日、夕飯は?」と聞かれずに、自由に暮らせたら楽だろうと思った。それでなくても、ひとり暮らしはきっと、本人にもよい経験となるに違いない!と、いろいろと理由をつけて、出て行ってもらうことに。大学院入院(!?)とともに、大学の近くにアパートを借りて、引っ越してもらった。

息子たちが出て行ってくれれば、朝の時間をばたばたと気忙しくすごすことなく、心置きなく父が住む家に通うことができる。本当に息子ふたりには感謝したい。

家に残るのは夫と犬一匹と猫三匹である。犬の散歩は夫とふたり、朝と晩とで手分けする。猫たちはそもそも放ったらかしで問題ない。肝心の夫は、ありがたいことに、自分のことはなんでも自分でできる、わたしよりも器用でマメな家庭的な人間なので、世話する必要もなかった。

一方、妹と夫とわたし、そしてこのあと昼間に来てもらうことになる訪問ナースさんもいてくれながら、それでもやっぱり手は多ければ多いほどいい、と感じることも多かった。これで充分、ということはない。手は猫の手以外、誰の手でも、できるだけ借りたかった。

背骨の圧迫骨折という事故

状況が変わったのは二〇一四年の三月だった。

「行ったときにわたしがやるから、やらなくていい」と言っていたのに、父が加湿器の水を入れる小さなタンクを持ち上げようとして、勢いあまって尻餅をついてしまったのである。

「転んじゃった。ちょっと来てくれる」と電話があり、大腿骨でお世話になった病院へ連れていくと、背骨の圧迫骨折を起こしたことがわかった。

父と一緒に暮らせばよかったのか、と思うこともある。が、一緒に暮らしていても、事故は起きる。二〇一一年の大腿骨骨折やこのときの背骨の圧迫骨折もそうだ。家の中に誰かがいても、転ぶときは転ぶし、そうかといって二十四時間べったり脇に張りついているわけにはいかない。父もそれは嫌だったと思う。家の中に人がいると、気になって仕方がないらしく、ひとりで動くことができる間は、手がいるときには誰かが飛んでいく、という形がよいだろうとわたしも思っていた。麻理もわたしも、急げば車で十分もかからないところに住むことができていたので、呼ばれたらすぐに飛んでいくのは無理ではなかった。

ただ、昼間「すぐに来て!」と連絡があっても、仕事で映画を観るため試写室に入ってしまうわたしは、映画を観ている間は携帯を切らなければいけない。麻理は麻理で、ちょうどその頃、受験生の母親だったので、夕方は家で夕飯を作らなければならなかった。

そういった意味で、父のマネージャーも務める良明の存在は大きかった。わたしが仕事で電話に出られない間は、良明が動けるように予定を組んだ。父が出かけたい、動きたいというときに、男手があることは本当に助かった。

仕事が終わって携帯の電源を入れると、留守番電話に父からの伝言が入っていることもよくあった。慌てて聞き直すと、たいてい急を要する用件ではなかったし、伝言は、結局「良明くんに電話します」というもの。だったら昼間は最初から良明に電話してくれればいいのにとも思ったが、とりあえずわたしに連絡を取ろうとしてくれるのは、頼りにされているからだと思えば、うれしいような気がしないでもなかった。

この頃からなんとなく、麻理と良明とわたしとが時間の確認をし合いながら交代していくことで、後々の介護のシフトが少しずつ形になっていったように思う。これも人数がいるからできたことだ。わたしひとり、麻理ひとりだったら、困ってしまうことがたくさんあったと思う。

父の〝避難先〟になったわたしのうちの問題

背骨の圧迫骨折はやっかいだった。

コルセットをつけることになったのだが、これが胸から腰までがっちり固定する形のものだった。身体の動きが少しでも悪くなるものを、父がおとなしくつけているはずがないとは思ったが、「これをつければ、早く治るから！」と叱咤激励。お医者さんからは、寝るときは外してもよい、という許可をもらった。

朝行くとコルセットは外れた状態で居間のソファの上にぽんと置いてある。朝ごはんを食べてもらって、薬を飲ませた後に、「ちょっと大変だとは思うけど、コルセットつけて、ここに座ってて」と言う。父はあからさまにうんざりした顔をするが、それを気にしても仕方がないので、胸から腰にぱこっとコルセットをはめて、いつものリクライニングのシートに座ってもらう。

父が文句を言う前に「早く治ったほうがいいもんね」と脅しをかけておいて、お皿を洗ったり洗濯をしたりしてから、父のところへ戻る。すると、もう椅子の上でももぞしながら「ちょっと、これ外してくれる」と言ってくる。

「今つけたばっかりだよ」

「これうっとうしいから外す」

「外したら治んないよ！」

コルセットをつけさせたままにしておく、なにかいい方法があったのだろうか。最後にはいつも、こちらが説得できず、父に押されて「わかった、もういいよ」と、コルセットを外してしまうことになった。

時期も悪かった。父が住む家は集合住宅なのだが、その年は春から夏にかけて何週間も外壁の補修工事をすることになっていた。部屋にいても、外から「ががががっ」と外壁のタイルをはがす音が響いてくる。外はうるさいし、コルセットはうっとうしい。

出かけたいのにひとりで出かけさせてもらえず、「出かけるなら、コルセットをつけて」と条件を出される。ただしコルセットをつけてしまうと、車に乗るのも一苦労だった。上半身を固定されていて屈《かが》めないので、乗り降りが難しいのだ。

工事の間は、なるべく外へ連れ出すようにしていたのだが、そうそう毎日は出られない。麻理の家、わたしの家以外に、近くの行きつけの店では「うちを書斎代わりに使ってください」と言ってくださったが、だからといってやはり毎日は通えない。

それに〝避難先〟候補のうち、麻理の家はともかく、うちには猫三匹、犬一匹、亀二匹といろいろな動物がいて、家の中が軽いサファリパーク状態。実は、父は動物があまり得意ではなかった。

父方の祖父、浅草のおじいちゃんは狆《ちん》というめずらしい犬を飼っていた。母と妹とわたしは猫が好きで、特にわたしは、八歳のときに永家に猫が来て以来、この半世紀というもの、傍《かたわ》らに猫がいないことはなかった。子どもより長い付き合いだった二十二歳の猫が死んだときには、もう二度と立ち直れないかもしれない、と思うくらい落ち込んだ。そのあと、死んだ猫にそっくりの猫に出会って、保護団体から譲り受けた。犬も最初から保護犬をもらうつもりでいたのだが、いきなり十七キロある成犬がうちにやってきたときには、さすがに家族に呆れられた。

実家では猫を飼っていた時期もあったが、父を見ていると、猫もあまり好きではなさそうだった。猫もそれを察してか、父には寄っていかなかった。

猫は、自分があまり好かれていないとわかると、その人には近づかないが、犬はとりあえず目の前に現れた人の匂いだけは確認しようと寄ってくる。犬が近づくと、父はどう対応したらよいかわからないといった風情で、落ち着かないことこのうえなかった。保護団体から譲り受けたうちの犬に初めて会ったときには、恐る恐るという感じでちょんちょんと触って手を引っ込めていたくらいだ。

朝からの工事で「とにかくここを出たい」と言う父を実家からうちに連れてきたと

きには、普段あまりしない掃除も隅々までちゃんとして、テレビのリモコン、エアコンのリモコンを手の届くところに置き、ソファにクッションを置いて居心地よくセッティングし、準備万端整えた。しかし、うちに来てソファに座って三十分もしないうちに、父は「はい、わかりました。もう帰ります」と言い出した。なにがわかったのか、わからないが、うちの状況がよくわかった、という意味だったのだろう。視界を犬がうろうろ、猫がちょろちょろ動きまわるのに、耐えられなかったらしい。「今来たばっかりだよ」と言っても、こうなったらもう引き止められない。また車に乗せて、父の家に戻った。

おもしろペット動画はお気に入り？

朝、父の家に通うようになってから、台所で使った食器を洗っていると、居間の椅子に座っている父から「千絵ちゃ〜ん！」とお声が掛かる。朝のテレビ番組に、視聴者からの投稿動画を流すコーナーがあって（たぶん視聴者ウケもいいのだろう）、そのなかで「おもしろペット」の動画が流れるのを父は楽しみにしていた。

父は身近に動物がいると落ち着かないようだったが、テレビの画面で動物が動いているのを見るのは好きだった。

「おもしろペット」のコーナーがある日は、台所で用事を済ませながらも、そろそろかな、そろそろかな、とこちらも落ち着かない。やがて「千絵ちゃ〜ん！」とお呼びが掛かると「はぁい」と返事をして父のところへ移動する。

「猫」

とわざわざ言われるまでもなく、猫だということはわかるのだが、父が指さすテレビの画面には、窓の外の小鳥をつかまえようとして、テーブルから足を滑らす猫が映っている。

「犬」

と笑いをこらえながら、父が言う。飼い主との久々の再会に悶《もだ》え喜び、気を失う犬が映し出されている。

生き物ならたいていいが許容範囲のわたしは、それが犬や猫なら文句もなしに、顔がほころぶ。

「あっはは、かわいい！」と喜ぶわたしの笑い声に、父の笑い声が重なる。これは視聴者投稿コーナーなのに、なぜだか、自分がこのかわいい動画を娘に〝見せてやった〟的な自慢が父の笑いから漂う。

毎朝、父の家に通うようになったとき、「おはよう」と言うときは、顔色を見るためにも、顔を突き合わせるように挨拶した。しかし、こうしてお互いの顔を見ずにテレビ画面を見て笑うのも、わたしにとっても父にとってもかけがえのない時間だった。父が指さす先にはいつも、わたしが見て「きゃはきゃは」言いながら喜ぶものが映っていた。

「二十四時間、監視されています」と書いた父の意図

背骨の圧迫骨折以降、父が自分で歩いて気軽にポストまで投函しに行けなくなってからは、ほぼ毎日「今日はこれ出しておいて」とハガキの束を渡されるようになった。

ハガキを書き、切手を貼って、近くのポストに投函する。これはたぶん父の趣味で

もあった。

切手は手元にいつもたくさんあった。わたしが小学生の頃、父と一緒に切手集めをしていたことがあった。わたしはちょっとの間、熱中して、そのあとはぱったり集めるのをやめてしまったのだが、父は少しずつ切手を買い溜めていたようだ。

そんな三十年前、四十年前の七円切手、十円切手など、今はあまり見ない当時の切手を返信ハガキに惜しげもなく貼りまくる。住所、宛て名を書いてから、ハガキの表面いっぱい、たて、よこ、ななめに、全部足して五十円、五十二円になるように切手を貼っていた。

ひとりでふらっと出かけられなくなった父の代わりに、ハガキや切手をいろいろ見つくろって、わたしが買っていくことも多くなった。

仕事で出るときには、文具店以外にも、駅やホテルのロビー、絵ハガキを売っていそうなところを通るようにした。郵便局でも絵ハガキを売っているので、出先で郵便局を見つけたときは、よく寄り道をした。記念切手が出ていないかも調べる。新しい切手や記念切手が出ていれば、買って父のところへ届けた。シール切手は使いやすかったようだが、父は水をふくませたスポンジを手元に置いて、少額の切手を何枚もべたべた貼るのが楽しいようだったので、シール式ではない通常の切手もいろいろ買っていった。

頼まれてハガキを出しに行くとき、なかには今はなかなか見ない貴重な記念切手や、昔、販売された切手をシートから一枚だけ切り取ったものもあって、「ああっ、これは貼らないでほしかった……」と悔しい思いをすることも少なくなかった。シートごと残っていれば、高く売れたかもしれないのに！

預かったハガキをポストに投函しに行くまでの間、読まないようにしようとは思っても、ハガキは文面が読めてしまう。封書もときどきあったから、本当に読まれて困るようなことはそちらに書いてあったはずだ。

父の背中の圧迫骨折のあと「これ出しておいて」と渡されたハガキの一枚目に、「二十四時間、監視されています」という文面を見つけたときのことは忘れられない。

「どういうこと!?」

圧迫骨折のあと、わたしが毎朝実家に通っているのと別に、昼間、出かけたいこともあるだろうから、と外部の手を借りることになったのだが、どうやらそのことを言っているようだった。

「ハガキを読んだ人が本気にすると困るから、ああいう書き方はやめてください！」

そう言いながらも、あれはもしかするとわたし宛てに書いたものではなかったかとふと考えた。もちろん、宛て名も住所もわたし宛てではない。誰かに宛てたハガキなのだが、わたしに文面を見せることで、わたしに何かを訴えようとしているのではなかったのか。


おかしな親子だと思われても仕方がないが、我々親子にはそうやって手紙を通してコミュニケーションを取ってきた歴史がある。

どこの家庭の親子にもあるような、父と娘が直接話をしない時期がわたしにもあった。父の不在が多いことも理由のひとつではあったが、母がいた頃には、父からの大事な話はたいてい母経由で伝わってくるか、手紙で伝えてくるかだった。

学校から戻ると、部屋の入り口に封書がある。それを見つけるとわたしは「うわっ、手紙来ちゃったよ」と思っていた。読んでショックを受けたことはほとんどないので、いずれも内容はそれほど深刻ではなかったと思うが、そうやってコミュニケーションを取っていた時期があったのだ。

亡くなった母宛てに届く手紙

父の書斎の机の上には、いつも、切手とハガキがどっさりあって、父は出す相手によってハガキと切手を選び、楽しんでいた。

父はハガキや切手を買うことも楽しみだったようだ。地方へ講演会などで出かけることが多かった頃には、必ずその土地の絵ハガキを買っていた。買って、その場で、たとえば駅や空港で書いて出すこともあった。

そんな父だから、留守宅の母にハガキの一枚も送っていたかというと、それはなかった。父から母宛てにハガキが届くようになったのは、母が亡くなってからのこと。毎日のように、自分の住所に、母宛てで、父はハガキを送ってくるようになった。

その日の体調や仕事の様子が例によってひと言ふた言。内容も母宛てである。「誰々とどこで食事」「久しぶりにどこそこに行く」などの報告から、なかには「疲れた」とか「あの仕事、受けなければよかった」という、うつむき加減な内容のものもあった。

母が死んでからしばらくの間はひとりで地方へ講演旅行に出かけたりすることも多かった。そんなとき、近況報告という形で、もうそのハガキに目を通すこともない母宛てに、つまりは実家で郵便を受け取り、実際に目を通すことになる我々宛てに、父はせっせとハガキを書き続けていたわけだ。

あのハガキは母へのラブレターといえばラブレターなのだろうが、まだ、直接話をする時間も余裕もなかなかなかった親子の意思の疎通方法でもあった。

母の最期を看取ったナースさんの登場

背骨の圧迫骨折後、父はコルセットをつけたがらないし、せっかくつけさせても人がいなくなるとさっさと外してしまう。これで治るんだろうか、と不安になる日が続いた。やはり我々以外に、医療的な世話をしてくれる人が必要なのではないか、と思ったときに、思いついた人たちがいた。

母の在宅看護のときの訪問ナースさんたちだ。

父のことを相談だけでもしてみようと思って、「次（＝父）もお願いします」と冗談半分、本気半分で約束をしてあった、母を看取ってくれたナースさんたちに、二〇一四年春、連絡を取ることにした。

ナースさんたちの「ボス」（これは父の命名だ）は父の様子を見に来てくださり、圧迫骨折のその後の状態、コルセットを嫌がっていること、これからの父になにが必要かといった相談に乗ってくださることになった。

父としては、母の最期を看取ってくださったナースさんたちが十二年ぶりに自分の前に現れたことで「ぼくはもうダメなのか」と観念したらしい。「『もうダメ』ではありませんよ。永さんがこれからどうやって永さんらしく仕事をして、永さんらしく生きていくか。そのお手伝いをするんです」という「ボス」の言葉を聞いて、父はようやく安心したようだった。「ボス」は父のためのプロジェクトという形で、本来の訪問看護ではカバーしきれない細かな世話までしてくださることになった。

各病院への通院も、二〇一四年の夏からこの訪問ナースさんが父とわたしに同行してくれることになった。これは本当にありがたかった。前回の診察からの父の様子を先生に報告し、次回来るまでに気をつけておくことなど、先生とのやりとりをわたしがひとりでやっていたときと比べると、心強いことこのうえない。素人だから仕方がないが、わたしのあやふやな説明が、それまで先生の役に立っていたのかどうか自信がなかった。ナースさんが同行してくださるようになって、父の普段の様子はよりきめ細かく先生に伝わるようになった。

不親切な介護の制度

本来なら、父が病気や加齢でこれまでと同じような生活を送れなくなった時点で、まずわたしが地域包括支援センターというところへ行って、相談をしなければいけなかったらしい。父の地元の支援センターがまた、なんともわかりづらい場所にあって、父の家から地図を見ながら行くのだが、何度通っても、どんぴしゃで行き当たった試しがない。

本当は支援センターで「父が今こんな状態なので、こんな助けが必要です」という相談をするべきだったのだが、わたしは何年かにわたって支援センターに足を運びながら、そこがなにをするところで、わたしたちになにをしてくれるところなのかをまったく理解していなかった。

「後期高齢者」（父はこの名称をよく思っていなかった）であり、パーキンソン病で「難病指定」もある父がひとり暮らしをしていることを、センターでは把握していた。ちなみに「難病指定」の申請は支援センターではなく、区役所に行かなければならない。いろいろな手続きを同じ場所でいっぺんに処理してくれれば、どんなに助かるだろうと毎回思った。

さらに毎年の申請には、不思議に思うことがあった。治る見込みのある人が利用する介護保険なら、毎年でも認定をする必要があるだろう。しかし、父のような高齢者の場合、去年より今年、今年より来年と状態がよくなっていくことは考えにくい。認定が軽くなっていくとは思えないのだ。

介護認定はまだいい。「難病」は治らないから「難病指定」されているのであって、一回申請すれば、毎年する必要はないのではないか。

毎年、申請のための書類が届くと、まず神経内科の先生に書類を書いていただくために病院へ行く。書類ができたところで送ってもらうか取りに行くことになる。今度はそれを持って区役所へ行くのだが、当然、わたしは当人ではないので、当人である父に委任状を書いてもらわなければならない。手足がふるえて文字が書きにくくなる症状が出るパーキンソン病の人間が委任状を書くのだ。父は幸い、薬を飲むようになってから文字を書く、箸を使うなどの動作にほとんど支障はなかったが、それでも、この人に毎年委任状を書かせるのっておかしくないか、とわたしは思っていた。

「区役所に行くんだけど、難病指定の申請でね、委任状が必要なんだよ。だけど、おかしいと思わない？　『難病』は治らない病気なんだから、毎年申請を出さなきゃいけないなんておかしいよ。多少よくなるとか現状維持ってことはあっても、去年申請した人が、今年は申請しないってことはまずないわけでしょ。それに本人が申請に行くことだって難しいはずだよ。たいてい代理が行くでしょ、この場合。それをいちいち委任状持ってこい、ってどういうこと!?」

そう激するわたしを、父が「まあまあ」となだめる。

「孝雄くんは字が書けるからまだいいよ。委任状書いて、って頼めるけどさ。これ、書けなかったら、わしが代わりに書いて、知らん顔して持ってっちゃうよ！　それに、これ、身寄りがいなかったらどうなるの。誰が申請に行ってくれるの!?」

怒りが収まらないわたしは「本当にすみません」となぜだか父に謝られた。

二〇一〇年にパーキンソン病の診断が下ってからというもの、毎年同じことの繰り返し。たしかにパーキンソン病の薬代は免除された。申請前に支払っていた金額を考えると、こんなことでいちいち面倒がって文句を言っていては申し訳ない、とは思う。でもなんというか、全体に、いろいろなことが不親切にできている。介護保険の認定しかり、難病申請しかり。認定後には「今、あなたは要介護（要支援）1ですから、これこれ、こういうサービスが利用できます」という最低限の提案くらい、こちらから聞く前に、してもらえないものかと思った。こちらが「面倒だからもういいや。自分でやります。自費でやります」と言い出すのを待たれているような、そのためにハードルを高くされているような気がして、なんだか気分がよくなかった。

介護認定員を前にした父は

わたしは、自分から支援センターになにかを要請するという考えがなく、むしろセンターの側から「こんなサービスがありますよ」という提案がされるものとばかり思って、ぼんやりしていた。「介護保険を利用しますか」と言われて初めて、利用するためには認定員と呼ばれる人がまず面談に来ることを知った。面談後、認定員の報告をもとに、この人は要支援いくつ、要介護いくつ、という都の判断が下されるまで一ヵ月かかると聞かされた。

まずは認定員との面談の約束である。父の家に認定員が来られる日時を打ち合わせで決めて、わたしがその場に同席する。認定員という人がいついつに様子を見に来ると伝えると、父は「なにを認定するの？　どんな人が来るの？　ぼくはなにをすればいいの？」と、好奇心と不安でいっぱいだったようだ。

「いや、ごめん、わしにもわからん」と正直に答えておいた。

介護保険の認定の人が来ると、普段はベッドに寝たきりのおばあちゃんが、急にしゃきーんと起き上がって「あんなこともできる」「こんなこともできる」と頑張ってしまうという笑い話を聞いたことがあるが、実際、その場に立ち会ってみて、なるほど、と納得した。

「手はどこまで上がるか」「自分で着替えられるか」「お風呂には入れるか」「杖なしで歩けるか」「杖があれば歩けるか」というような質問を、この後、父も毎年聞かれることになる。最初のうちは父も面白がって、「はい、ひとりで歩けます」、「お風呂も入れます」と答えていた。たしかにできないことではなかったので、わたしは父の背後で黙って聞いていたが、「これがあの〝おばあちゃん、いきなりしゃきーん！〟の質問か」と思って、おかしくて仕方がなかった。


回復力のある若い人ならともかく、前年に杖なしでは歩けなかった高齢者が、いきなり今年、杖なしで歩けるようになっているとは考えにくい。それでも毎年同じ質問が繰り返された。

「お風呂、入れます」と言う父の傍らから「怖くてひとりでは入れられません」と追いかけて訂正する。「着替えられます」という父の答えにも、「いいえ、着替えは手伝います」と修正する。

このようにふたりで食い違う答えを返すことになる。毎年、違う認定員が来るのだが、来ていただいた方は感じのよい方ばかりで、こちらの食い違いをにっこり受け止めてくれた。それでもわたしは結果が心配で「父とわたしと言うことが食い違っちゃうんですけど」と訪問ナースさんに相談したら、ナースさんの答えは「あちらもわかってますよ」ということだった。

ちなみに父がいちばん最初に認定されたのは「要支援2」。これは大腿骨骨折から退院した二〇一二年のときのこと。ただこれも「要支援2」だから、どういうサービスが受けられます、という詳しい話は、こちらから聞かなければ答えてもらえなかった。結局、結果をもらっただけで、これがなんの役に立つのかはわからなかったし、調べることもなかった。

ヘルパーさんが来てくれるのか、来てくれるならどんなことをしてくれるのか、自分で本を読んでみたが、これもなんだかよくわからなかった。買い物は頼めるのか、料理はやってもらえるのか、では散歩の付き添いは……？

どんなことが頼めて、どんなことが頼めないのか。結局、調べたり考えたりするのが面倒になって、なにもわからないまま、「こんなにややこしいなら、いいや。自分でやろう」と決めた。頼みづらくすれば、自分たちでやるだろう、という、あちら側の魂胆なのではないかと勘繰りたくなった。

やれるだけのことは自分でやろうと思った理由はほかにもあった。ちょっと世間に顔も名前も知られた存在である父が、家の中ではしょぼしょぼのおじいさんなんだ、ということを、よその人に見られたくなかった。二枚目俳優でもあるまいし、人は誰でも年を取るというのに、他人にわざわざそのことを知らせたくないという娘の見栄だった。それでなくてももともと家に人が入るのを嫌がる父でもあったから、出入りする人間は最小限、しかもできれば顔見知りだけにしたかった。

せっかく借りられる可能性のある手を減らしてしまった責任はわたしにある。割り切ってお手伝いさん、ヘルパーさんを早くから頼んでおけば、だんだんと狭くなりつつあった父の行動範囲がもっともっと広がった可能性はある。わたしの変な見栄のせいで、父に気の毒なことをしてしまったと今になって思う。

ただ本当に、家の中に人がいると、父は落ち着かなかった。昼間でも夜でも、わたしが部屋の中にいると「はい、もう帰ってください！」と言う。

「毎日来なくていいから」

「もう帰って」

本当にわたしが邪魔だったのか、父の照れか遠慮だったのかはわからない。

「はい、帰ってください！」と言われて、それでも心配なことがある夜は、帰るふりをして、黙って、玄関から入ったすぐの廊下に泊まることもあった。

「同居」という言葉は、麻理もわたしも口の端まで何度か出かかったのだが「はい、帰って！」と言われてしまうと、「はい、帰ります」としか返事のしようがなかった。

車椅子の上での発見

父の様子を見てもらうためにお願いした訪問ナースさんたちは、期待以上の大活躍を見せてくださったが、これはこれで、本来の任務外の仕事までさせて、本当に申し訳ないことになってしまった。

しかしナースさんたちが、父の様子を見に来てくださることで、どれだけ助かったか。昼間、血圧と脈を測り、心音を聞いて、というのが本来のナースさんの仕事だったが、父が外に出たがったときには車椅子で連れ出してくださるという行為は、父が父らしくという、「ボス」が立ちあげてくださった「プロジェクト」という名のもとに行われた。その分の別途の料金も発生したが、いくらかかっても、父にかかる安全安心な目と手が増えることは、お金には代えられなかった。

父はそんな車椅子の上で日々いろいろな発見をしていた。

元旦、近所の神社に屋台が並んだときのこと。人ごみを車椅子で抜けるのは大変だったが、父はたこ焼きやお好み焼きの屋台の前で、「低い目線からだと作る人の手元がよく見える」と喜んでいた。

また、父を乗せた車椅子に慣れていないナースさんと外出したときのエピソードもうれしそうに話してくれた。

「横断歩道から歩道に上がるのが大変で、ふたりで『手を貸してください！』って通りすがりの人に声を掛けたんだよ。そうしたら、若い男の子がぱぱっと寄ってきて、車椅子を歩道に上げてくれた」

父は、不便があっても、それでもどこかに「これは楽しい！」ということを見つけることができる人だった。自分の父親ながら、こういったところは見習いたいし、すごいと思う。

「車椅子になりました」と言うと、感覚的には「お気の毒に」という言葉が続いて出てくる。たしかに行動は制限されるし、そもそもひとりで出歩くことが好きだった父が、出かけたいときに出かけられないというのは、文字通り手足をもがれたのと同じことだったのではないか。

しかし、我々家族はなんでも楽しもうとする父の前向きな姿勢に助けられていた。

家族だからできること、他人だからできること

認定員にはお風呂に「ひとりで入れます」と答えていた父だったが、圧迫骨折をした二〇一四年頃からは、ひとりでお風呂に入るのは、とても怖くて無理だった。背中のせいで前に屈めず、湯船がまたげないのだ。「入るなら手伝うよ」と言っても、娘の前で裸になるのが恥ずかしいのか、足元が怖いのか、結局お風呂にはあまり入らな

くなってしまった。

　シャワーだったら、滑らない椅子を買って洗い場に置いてあったので、ひとりで入れた。それでもお風呂場でなにかあったら大変だ。なるべくわたしがいる時間帯に入ってもらうようにしていたのだが、父がわたしのいる午前中にシャワーを浴びたがるとは限らない。そうなると良明に連絡して「今日の午後、シャワーに付き合って」と頼むことになる。

　良明には、背中を流してもらったり、身体を拭いてもらったり、ということを頼めたようだ。わたしも最終的には、シャワーから出た父の全身をタオルで拭く手伝いをするようにはなった。

　父は嫌だったかもしれないが、わたしはシャワーを浴びたあとの父の身体を拭くことはなんとも思わなかったし、亡くなる直前の下《しも》の世話も、わりと抵抗なく自然にできたと思う。小さい頃の息子たちの裸も見慣れていたし、父の場合は、身体の大きさが違うだけのことだ。

　家族だからできること、他人だからできることがある。これは特にお風呂とか、下の世話をするときに痛感した。娘ができないことは義息だったり、いっそ他人だったりに頼んだほうがよいこともある。家族でも、娘か息子かという違いがあるだろう。

お風呂に入る、お手洗いでちょっと手助けをする。そういうときに、夫の良明がいてくれて、本当に助かった。立場的にも、麻理やわたしとはちょっと違う、一歩離れたところにいるので、言葉は悪いが、とても便利な存在だった。本当の息子だったら、また違っていたかもしれないが、身内と他人の間くらいに位置する人がひとりいること、これは介護にはとても大事だと痛感した。

圧迫骨折が治り始めコルセットが不要になった頃だったか、「お風呂に入りたい」と父のほうから言われたときには、ナースさんに相談した。わたしひとりではやはり怖いし無理なので、ナースさんがいらしたときに入れてもらおうということになった。父に「今日、ナースさんがいらしたときにお風呂入る？　ナースさんなら安心だよ」と聞いたら、う〜ん、とちょっと考えて、こう言った。

「入りたいけど、じゃあ、ナースさんが来る前に身体を洗っておこう」

気持ちはわかる！　よーくわかるんだが、それって本末転倒ではないか。うちで、

「お風呂場の徹底クリーニング」を頼んだときと同じだ。クリーニングの人が来る前に、結局、せっせとお風呂場を掃除してしまった経験がある。

訪問ナースさんには一年間、業務以外のお世話までお願いしてしまった。

犬懐こい夫が連れてきた新たな助っ人

介護保険をどう利用するかを考えて、実際に動いてくれるケアマネージャーという仕事があるらしいということは、なんとなく知っていた。知ってはいたが、実際に、そういう人がどこにいて、どう連絡を取ればいいのかわからないまま、ぼんやりしていたのは、わたしの怠慢だった。

そんなケアマネージャー探しに関しては、思いがけない形で解決することになった。


わたしの家には犬がいる。保護団体から譲り受けた犬で、うちに来たときに推定四歳、中型犬にしてはちょっと大柄、大型犬にしては小柄という保護犬にありがちな大きさの雑種である。うちに来た当初から、ものすごくお利口で、こちらの言うことはすべて理解しているし、なぜか英語の指示にも反応する。

この子と散歩するようになって、近所に知り合いが増えた。わたしの夫の良明は人懐こいというのか、犬懐こいというのか、無類の人好き、犬好きで、散歩で出会った人や犬とすぐに仲良くなってしまうという、犬猫はともかく人間が苦手なわたしとは真逆の性質を持った人間である。

そうして知り合った犬友だちのひとりで、最初は犬の飼い主同士という立場で、会えばなんとなく話をしていたある人が、ケアマネージャーだった。出会った頃は「今、うちの父がちょっとこんな状態で……」と世間話的な程度だったのが、『外出には車椅子が手放せなくなって……』、「自宅に手すりがあったらいいんだけど……」と少しずつ具体的な話をするようになっていった。

「一度、ご実家にうかがってもいいですか」

そんな彼女のひと言で、二〇一五年の夏、事態は一気に打開された。知らない人ではない友だち（犬友だち）が家に来る、ということで、ハードルはぐんっと低くなった。彼女の動きを見ていて、なるほど、ケアマネージャーさんというのは、こういう仕事をする人だったのか、ということがとてもよくわかった。

圧迫骨折のあと、父は要支援から要介護になっていた。

「要介護3ならこういうサービスがあります」

「手すりはこういうものがつけられます」

「車椅子は……」

気になっていた相談事が手際よく処理されていく。いきなり会った知らない人ではない、少なくとも我々とは気心の知れた相手だから、相談もしやすかったし、父の家にも入ってもらいやすかった。

「ケアマネージャーさんと相性がよくなかったら、変更もできます」というようなことを介護の本で読んだことがある。そうか、相性があるのか、というのがわたしには恐怖だった。

「あの人とは合わないから変えてください」というのは当然の要求なのかもしれないが、なかなか言い出しにくいものだろう。少なくともわたしには絶対に言えない。

「もしうちに来た人が父や家族と相性がよくなかったら……。わたしが断って、別の人を頼まなくちゃいけないんだ」

そう考えるだけで、最初から頼む気を失くしていたことに気づいた。変えてもらって、次の人とも相性がよくなかったら、どうすればいいのだろう。ケアマネージャーを仕事とされるのは、こちらの心配を吹き飛ばしてくださるような方たちばかりに違いないと想像はしたが、介護される父と我々家族のために、相性のいいケアマネージャーさんに出会えるまで頑張ろうという根気は、わたしにはなかった。それでなくても人との交渉事は、本当に苦手なのである。「それでいいです」「この人でいいです」と言ってしまってから、自分を納得させる、そういう性格だ。

だから、知っている人がケアマネージャーさんだったというのは、父の介護では、最大の幸運だったかもしれない。

加えて、二〇一五年秋から、ヘルパーさんも頼むことにした。介護保険も使えたのだが、あれがダメこれがダメというのが面倒だったので自費で頼むことにした。

幸い、父にはまだ収入があった。仕事そのものは少しずつ減らしていたが、「父が稼いだお金なんだから父のために使おう」と麻理も言った。わたしが積極的にわかろうとしなかったせいだが、いつまで経ってもわけのわからない介護保険の制度を使うより、どれだけ自費でお金がかかっても、やりたいようにやったほうがさっぱりする、という結論だった。

息子たちがまだ幼かった頃、幼稚園のお迎えや、わたしが仕事をしている間のシッターさんをお願いしていた同じ会社にシルバー版のサービスがあった。うちの息子たちを見てくださっていたシッターさんが本当にしっかりした方で、今でも息子たちは「おばちゃま」と呼んで慕っているのだが、そんな様子を見ていた母が「わたしも年取って動けなくなったら〝おばちゃま〟に世話をしてもらいたい」と言っていたことを思い出したのである。残念ながら、母は〝おばちゃま〟のようなヘルパーさんのお世話になることはなく逝ってしまったのだが。

父のヘルパーさんについては、この会社に頼むことにした。

こうして少しずつ、医療面でも介護面でも父を支えてくれるチームが形になっていった。意識は「仲間」である。勝手にわたしがそう思っていただけかもしれないが、父が亡くなってから、朝日新聞の記者さんに介護の取材を受けたとき、その方からうれしい話を聞いた。

記者の方は家族をはじめ、主治医、訪問医、訪問ナース、ケアマネージャーときめ細かな取材をしてくださったのだが、「取材でうかがうと、皆さん『永さんのとっておきの話がありますよ』と笑顔でおっしゃるんです」と言うのだ。父の介護に関わってくださった皆さんに、笑顔で語れる「永さんのとっておきの話」があった、というのは本当にうれしいかぎりだった。それぞれ「とっておき」をどこまで披露してくださったのかはわからないが、関わってくれた皆さんが、父の介護を楽しかった、と感じてくれたのだ。もし本当にそうなら、こんなにうれしいことはない。

父を支えた小沢昭一《おざわしょういち》さんの言葉

二〇一四年夏の訪問ナースさんに始まり、二〇一五年夏にはケアマネージャーさん、同じ年の秋には専門のヘルパーさんの本格的な参入で、父にとってはかなりめまぐるしい季節となった。

二〇一五年九月には、二十五年続いた土曜日のラジオ番組が終わることになった。

朝八時半から昼すぎまでという、父にとっては一番体調がよくない時間帯の、体力的にもつらい四時間半の生番組だった。

パーキンソン病の特徴らしいが、午前中と午後では人が変わったのかと思うくらい、状態が違う。朝のうちは姿勢も悪く、首もうなだれた様子で、歩き方もおぼつかない。とにかく朝ごはんを食べてもらって、薬を飲ませなければならなかった。昼が近くなると、薬の効果か、少し活力が戻ってくる。昼ごはんを食べ、薬を飲んで、午後になると、午前中と同じ人間とは思えないくらい、表情もはっきりするし、手すりや杖で、部屋の中を自由に動き回れるほどになる。

長年続けてきたラジオ番組であったが、父のほうから番組を辞めるというはっきりとした意思表示がない以上、土曜の朝に体調の頂点を持ってくるために、父自身とマネージャーの良明、ナースさんたちの涙ぐましい努力があった。一ヵ月に一回は、放送前日の金曜日に泌尿器科で注射を打つこともあって、翌日の土曜日は、周囲も祈るような状況でスタジオに入らなければならないこともあった。

以前のように立て板に水のおしゃべりが、思うようにできなくなっていた父の心の支えは、小沢昭一さんの言葉だった。小沢さんはしゃべれるようになる〝魔法のタクシー〟をつかまえてくださっただけではなかった。

「永さんはしゃべらなくてもいい。スタジオにいればいい。スタジオに永さんがいるということがわかればいい」

小沢さんのこの言葉は、本当に父を支えていた。これは、自分が話をするよりも、自分が話をさせたい人のためにラジオという公の場を確保する、自分なら確保できる、という父の考えとも合致していた。「ただ、そこにいればいい」という小沢さんの優しさに、父も寄りかかってはいけないと思ってはいたのだろうが、結果的には小沢さんが言うとおりの状態になっていた。

土曜日の朝に体調の頂点を合わせなければ、という努力は続けながらも、番組の時間帯が午後に変われば、父ももっとはっきりしゃべって、しっかり番組を続けられるのではないか、とわたしはずっと思っていた。

番組制作の方たちも、もう長いこと、父の体調、体力を気遣ってくださっていた。

早朝からスタジオに行く父のために、横になる場所を用意したり、番組放送中にも、ナースさんがスタジオに入って身体をほぐす時間を作ってもらうなど、家族としてはありがたかったが、そういう状態をいつまで続けてよいものかわからなかった。

そんな状態のなかで、父の番組を終了するのではなく、生放送の時間を短くする、番組の時間帯を朝から昼以降にずらす、という方向に考えていただけたのもありがたいことだった。わたしは、父にいつ仕事を辞めてもらってもよいと考えていたが、仕事を辞めたら、それは父にとっての死だということも否定できなかった。

そして二〇一五年九月の最終週、父八十二歳。いよいよ夜六時に時間帯を移して、父の名前を冠したラジオの新番組『六輔七転八倒九十分』が始まった。「八十二歳にして新番組が始まるのってギネスブックに載りませんかね」という冗談も出たこの初放送をラジオで聞いて、わたしは自分の耳を疑った。

「ちゃんとしゃべってる！」

朝の放送のときの何倍も、しっかり言葉が出ている。夜の時間帯の番組が始まって、いちばん驚いたのは、父自身ではなかったか。父のしゃべりに長年付き合って慣れてくださっていた古参の聴取者の方たちは、はっきりしない父の言葉を解釈して聞くという術《すべ》に長けていたが、この放送ではきちんと言葉が聞き取れたと思う。そしてきっと慣れていない方でも「あ、聞き取れる」と思ったに違いない。

父がラジオでカミングアウトしたこと

こうして、なんとか仕事は続けられる見通しが立ったのだが、朝の体調がよくないのは相変わらずだった。夜中にお手洗いに起きて、廊下で転倒したことも数回あった。手すりを付けてもらったにもかかわらず、である。転ぶといっても「ばたん」と倒れるのではなく、力が入らず膝が崩れるようなものだったと思う。朝、「おはよう」と言って父の顔をのぞき込んで驚かされる。額に擦り傷があったり、膝をすりむいていたりすることもあった。

夜のお手洗いが心配だったので「泊まるから」と言うと「そんなことしなくていい」と言われて、帰るように促される。

「わかった。じゃあ帰るけど、トイレに起きるなら、廊下の電気をつけて、ゆっくり歩いてね。トイレなんて失敗したっていいんだから、とにかく転ばないで」

そう言いながら帰るふりをする。毎晩ではなかったが、玄関を入った廊下の隅に毛布と枕を隠してあって、玄関で寝ることもよくあった。夜中に父がお手洗いに起きる気配がすると、どきどきする。どういうわけだか、わたしがいるときには、父は夜中にお手洗いに起きても転ばなかった。実際に転んだときに、いきなりわたしが現れて「大丈夫!?」というのも心臓には悪そうだが、そういうことにはならなかった。

夜中のお手洗いはとにかく心配だった。わたしは失敗しても構わないと思っていたし、父にもそう言ったが、言われても本人はなかなか納得がいかないようだった。

「もし失敗したってきれいにすればいいだけで、失敗しないように慌てるほうが、ずっと怖い！」と言うと、父もわかってはくれたようだ。

いつのことだったか「紙パンツをはいてみないか」と聞いたことがある。

「間に合わないと思って慌てると転ぶかもしれないでしょ。あ、間に合わない、と思っても紙パンツはいてたら安心できると思うんだけど」

「ぼくが紙パンツをはいたら、あなたが安心なの？」

「そうだね。安心だね。でもきっと孝雄くんも安心できるよ」

そして、わたしのために、というわたしが半ば強引に押しつけた形で、父が紙パンツを試してくれることになった。

すると、その後少しして、ラジオ番組に鎌田先生がゲストとしていらしたとき、生放送のスタジオで先生を前にした父が突然「ぼくは今、紙パンツをはいています」と言った。

父としてみたら、自分が安心するために、親に紙パンツをはかせた娘の所業を先生に言いつけるつもりだったのかもしれない。

ところが間髪を入れず、「ぼくもはいていますよ」と鎌田先生が笑って答えた。明るい声だった。先生の声には父を励ます調子も聞こえた。当時、先生は紙パンツのCMに出ていて、ご自分でも試していたらしい。

やった！　先生だってはいてるんだ。いつもでなくていい、ちょっと心配なときに紙パンツを使うことを嫌がらないでくれたら、父も安心、わたしも安心だ。

あとから気がついたことがある。父に「紙パンツをはいてみよう」と言うだけでなく、はいてほしいと思ったら、本当は言う前に実際に自分で試してみないといけなかったな、ということ。いずれ、わたしも紙パンツのお世話になるのだから。

両肩にのしかかってきた介護の現実

父にとって最後となったこの年の秋は、いろいろな意味で大きな分岐点となった。夜のラジオ番組が始まり、調子もよさそう、このまま順調に続いていけば……と周囲の期待も高まるなか、今度は父が再び背中の痛みを訴えるようになった。

夜、ベッドに横になると、背中が痛いからと、普段から使っていたテレビの前のリクライニングの椅子に座り、そのまま眠ってしまうことも増えた。横にならずに眠ってしまうので、眠りが浅いせいか、夜中、明け方、時間に関係なく、わたしに電話がかかってくるようになった。

明け方、電話が鳴るので慌てて出ると「今、何時?」という父の声がする。

「四時だよ。朝の四時」と答えながら、いったいなにごとが起きたのだろう、とこちらは一気に覚醒する。

「大丈夫? 今から行くから」

「いいよいいよ、来なくても」

そうは言われても、朝の四時に電話してくる父親を放ったらかしにするわけにいかず、着替えて父の家に向かう。行くと、うとうとした父がベッドではなく、居間のリクライニングシートに座っていた。

こういうことがあまり続いても困る。やはり夜はベッドに横になってもらいたかった。夜、身体の大きな父がベッドに横になるのを手伝う。ベッドの端に座ってもらい、背中が痛くないよう姿勢に気をつけながら、ゆっくりと横にする。上半身が横になったところで、両足を抱えてベッドの上に持ち上げる。朝は、ベッドから起き上がるのに、まず足をゆっくり床に下ろして、それから上半身を起こすのに肩を貸す。父も若い頃より肉が落ちていたとはいえ、これはかなり力のいる仕事だった。

それまでは、黙ってわたしが泊まることもあったのだが、父の寝たり起きたりに手を貸すようになったこの頃から、父の家に泊まるのは良明に交代してもらうことになった。良明は夜、父がベッドに横になる手助けをして、そのまま泊まり、朝、父の身体を起こしたところで、再びわたしが交代するようになった。

この状態がいつまで続くのかわからないのは不安だった。背中の痛みが治まれば泊まりはいらなくなるかもしれないが、もうこのまま、良明かわたしのどちらかが必ず父についていなければいけない状態になっていくかもしれない。それまでの介護は「介護しています」なんて言ってはいけないくらい、気楽な状態だったんだな、と思った。介護の現実がどっしり肩に乗っかってきた感覚だった。

女手ばかりだった父の介護現場

父は介護の手には恵まれていたが、ここまで書いてきて、本当に男手がない、ということに驚く。

ヘルパーさんも、ナースさんもおばさんだらけ。ケアマネージャーさんも女性。立派な男手だった孫たちは、当時はまだ全員学生だったので、お見舞いには来てもらっても「今晩泊まって」とは頼みづらかった。

父は、わたしや良明が泊まるより孫たちが泊まったほうがうれしかったには違いないが、ここでも、わたしが変な見栄を張ってしまった。孫たちに父の今の姿を見せたくない、と思ってしまったのだ。夜中になにかあったとき、孫たちに責任がかぶるようなことも避けたかった。

とくに、日中とは違う朝方の、「本当に同じ人？」と聞きたくなるほどの様子の違いは、外の人たちと同様に、孫たちにもあまり見てほしくなかった。いや、見せるべきだったのかもしれない。いずれ、今度はわたしたち親が、その先には君たちがこうなっていくんだよ、ということを本当は見せておくべきだったのかもしれない。

しかし、父のほうも、調子のよくない時間帯、朝からお昼にかけては人に会いたがらなかった。それは孫たちに対してもそうだったと思う。もし一緒に住んでいれば、そこらへんは否応なく目撃することになったのだろうが、外に見せたくない父の部分は、わたしと良明が対応する、とわたしが勝手に決めていた。勝手に決められてしまった父と、それに有無を言わさず付き合わされた良明には申し訳なかったと思う。

圧迫骨折は治ったはずだったのだが、見た目にも、骨折した部分が背中の皮膚を圧して盛り上がっていた。この盛り上がった部分が、椅子に座るとき、横になるとき、椅子の背やベッドのマットレスに当たって痛いようだった。

そこで良明が、背中の盛り上がった部分が背中の面と同じ高さになるように、あり合わせの材料を使って、ガーゼでくるんだ細長いクッションのようなものを作った。背骨の両側にこのクッションを添わせて当て、骨折した部分だけが椅子の背やマットレスに当たらないようにした。

父も手先の器用な人だったが、良明も手近にあるものを工夫して、いろいろ作ったり直したりすることができるので、本当に助かった。

介護現場での男の役割

介護、看護にどれだけ男手が必要になるかということは、経験のある人ならわかるだろう。立つ、座る、歩くときに手を貸すくらいのことはわたしのようなおばさんにもできないことはないが、やはり男の手があると安心だった。

夫の良明は、わたしの母が亡くなったあと、父のマネージャー兼付き添いになった。運転手、父が車椅子になってからはそれを押す係も務めた。

実家の部屋の中を、父の動きやすいように、家具の配置を変える手間も惜しまなかったし、テレビの位置や電話の位置、時計の位置を工夫した。テレビの音が近くで聞こえるように父の椅子の足元にスピーカーを設置したりもした。

手先が器用で、いちからモノを作ることができる人なので、年寄りには使いづらいリモコンの改造まででした。車椅子の肘掛けや持ち手にも手を加えた。移動する車に父が乗り降りしやすいように、車のドアの裏側に、新たに取っ手を取りつけた。そもそも父が背を屈めて普通の車に乗りづらそうになったとき、どのくらいの車高なら乗りやすいか、手を貸して乗せやすいかを考え、嬉々として車種を選んでいた。わたしはといえば、車の特徴を説明されても「ふ〜ん、そうなんだぁ」と答えるだけだった。

良明の工夫の全部が全部、父の役に立ってはいなかったかもしれないが、父の日常になにか不都合が生じると、それならどうしたらいいだろう、ということを前向きに考えてくれた。

父の食欲をそそるものはなにか、軟らかくておいしくて栄養が摂れるものはなにかを考え、麻理の作る手の込んだ家庭料理とはまたちょっと違う、いわゆる〝男の献立〟を父に提供もした。ちょっと父に褒められたものだから、わたしが毎回、焼きおむすびと茄子の揚げびたしばかり作って父の家に運ぶのを見かねてか、材料を買って運んで、父の家で料理をしてくれた。タンパク質が足りない、肉を食べさせたい、という思いから、いろいろな献立も考えてくれた。

「今日は軟らかい肉を買っていって牛丼を作った」

「肉うどんを作ったら、よく食べてくれた」

そういう報告を聞くたびに、この人は、自分の親でもないのに、わたしより父のことを考えている、と思った。良明のご両親はもう亡くなられていたが、立場が逆だったら、わたしには同じことはとてもできなかっただろうと思う。


母を在宅で看護し看取ろうというとき、父はなにも手につかず、おろおろするばかりだったという記憶がある。父は父なりに、我々にはできない、母のためにやれることをやろうとしていたのだとは思うが、実際に動いたのは、訪問ナースさんを中心に、麻理とわたしだった。「男って、こういうとき、ほんとに役に立たないもんだな」とそのときには思ったのだが、それは看取られる立場にいるのが女性だったからかもしれない。身体を拭く、という行為ひとつとっても、男性のナースやヘルパーさんにはやってほしくないとわたしだったら考える。

それでも、介護や看護には男の手が是非とも必要、という場面が多くある。介護される側が男だったら、なおさら、と思う。わたしはずうずうしいおばさんなので、外へ出かけたときに、父に付き添って一緒に男子トイレに入ったこともあるが、入りたくない、入れない、という女性も多いと思う。

男は役に立たない、と思ったのは大間違いだ、と良明を見ていて思った。女より気がきく、気がつく男だっている。気がつかない男にはこちらから「手伝って」「これやって」「あれやって」と頼めばいいのだ。

孫と過ごした大晦日の夜、家族揃ったお正月

父の背中の痛みはなかなか治まらなかったが、部屋の中の歩行は自力でなんとかなっていたし、昼間はヘルパーさんと一緒に車椅子で外の空気を吸いに出かけることもあった。

二〇一五年の大晦日には例年通り、麻理の家族、わたしの家族全員が父の家に集まって、年越し蕎麦を食べた。夜は久しぶりに孫たちが父の家に泊まった。子どもの

頃から大晦日のお泊まりは恒例行事だった。

明けて二〇一六年のお正月は、全員揃っておせちとお雑煮を食べた。いつも通りの元旦だった。

孫たちが交代で押す車椅子に父を乗せて、近くの神社に初詣にも出かけた。二日には浅草にある父の実家のお寺へ行き、お墓参りをした。

祖父母が元気だった頃には、父の兄弟妹六人と、それぞれの家族、総勢三十人近い人数が集まって、毎年、にぎやかな新年会を開いていた。祖父母が亡くなり、父の兄も亡くなって、父はいつの間にか永家の最年長者になっていた。

浅草の実家のお寺では、かつてわたしの祖父が座っていた場所に、父が座った。椅子に座った父が、従兄弟の子どもたちにお年玉を手渡した。

その前の年までは、そこに集まった人たちだけでもと、本堂で記念写真を撮っていたのだが、この年は撮り忘れた。長い時間座っているということが父にはもうつらいようだったので、「早めに帰ろう」ということになったのだ。父にとっては最後のお正月だったのに、どうして無理をしてでも撮っておかなかったか悔やまれる。

このとき、父はまだ自分の足で歩いていた。もちろん孫たちに脇を支えてもらいながらだったが、歩いて実家の建物に入り、歩いて出たのである。

突然歩けなくなった父

突然歩けなくなったのはその四日後、一月六日のことだった。この日は母の命日だった。

夜、早めに寝室のベッドに移りたいと、椅子から立ち上がろうとした父が「あれ？立てない」と言った。両手で椅子の肘掛けをつかみ、力を入れて腰を上げようとするのだが、膝にまったく力が入っていない。何度か立とうと頑張ったのだが、膝がくたっとなって、椅子からもずり落ちてしまった。いつかついた尻餅のような衝撃はなかったからよかったものの、立つのはおろか、ずり落ちてしまった身体を椅子に戻すことさえできない。両脇に手を入れて立ち上がらせようとしても、足にまったく力が入らないようだった。わたしひとりではどうしようもなかった。

良明が来る時間までは間があったので、仕方なく階下の管理人さんを呼びにいった。管理人さんを連れて戻り「わたしひとりでは持ち上がらないので、父を椅子に座らせるのを手伝ってください」と頼んだ。父も困ったように笑いながら「すみません」と言った。男性がひとりいると、やはり違う。管理人さんは父の両脇に腕を回して抱え起こし、とりあえず椅子に座らせてくれた。

「ああ、どうなるかと思った。どうもありがとう！」

父は半分笑いながら、でもほっとしたように管理人さんに礼を言った。

椅子に戻ったのはいいが、さて、もう一度立てるのか。

「どうしよう。良明が来るのに、まだ時間がある」

「いいよ。今日はここで寝る」

「ここで寝ちゃうと、ぐっすり眠れないでしょ。そうすると、また変な時間に目を覚ましちゃうから困る」

そのあと良明が来て、説得したのだが、父はベッドへは移らず、椅子を倒してそのまま寝てしまった。

調子よく歩けるときと、足になかなか力が入らずに歩けないときが、このあとも交互に続いた。この頃から、部屋の中の移動にも、人手が必要になってしまった。

他人にしか見せられない弱み

父の身体にはたしかに異変が起きていたのだが、そのときにはまだ我々は気づいていなかった。

身体の異変より、わたしが気になったのは父の精神状態だった。二〇一二年十二月に小沢昭一さんが亡くなったとき、父は本当に気落ちしていた。加藤武《かとうたけし》さん、桂米朝《かつらべいちょう》さん、入船亭扇橋《いりふねていせんきょう》さん、仲のよかった方たちが相次いで亡くなってしまった。そして二〇一五年十二月、野坂昭如《のさかあきゆき》さんが亡くなって、父はさらに憔悴したように見えた。がくっと落ちた感じ、と言ったらよいのだろうか。

二〇一六年一月、まさに父が自力で立つのが難しくなり、体調の波が大きく上下し出した頃、アンドレ・クレージュというフランスのデザイナーが亡くなった。もちろん直接の知り合いではないが、ニュースで、クレージュが長年パーキンソン病を患っていた、と言っているのを聞いて、父は相当がっくりきたようだった。

心配して様子を見にきてくださった訪問ナースの「ボス」に「あと、どのくらいだろうって考えるんです」と父がいつになく弱気な発言をした。そんな言い方をする父は初めてだった。わたしには言えなかったのかもしれない。他人にしか見せられない弱気もある。

「永さん！　パーキンソン病で死ぬことはありませんよ。亡くなったクレージュさんは九十二歳です。永さんよりうんと年上なんですからね」

クレージュさんも、まさか遠い日本で面識もなにもない我々が自分のことを話題にするとは思いもよらなかったろう。

「はい。わかりました」と父は返事をしながら苦笑いしていたが、横でやりとりを聞いていたわたしは、父は本当に、気持ちも、身体も弱ってきている、と感じていた。

背中の痛みの原因

二〇一六年一月の終わり、神経内科に父と訪問ナースさんを送っていった良明から電話がかかってきた。いつも一緒に行っていたのに、この日に限って、わたしは家にいた。

「入院することになった」と電話の向こうの良明が言った。良明の声は落ち着いていたが「入院」という言葉が、わたしの頭の中で、また「せん妄」と結びついた。父の背中と下半身を診た先生からの指示だという。


父の前立腺がんのマーカー・PSAの値が少しずつ上がってきていたのは二〇一五年の秋からだった。薬と注射の治療を始めて、あっという間にマーカー値がゼロ以下になり、測りたくても測れないというありがたい状態がずいぶん長く続いていた。本当によく薬の効く人だ、と感心したものだが、その間には、薬が変わったり、注射が変わったりもしていた。

毎月の泌尿器科の診察で、先生からは「PSAの値が低くても骨転移の可能性があります。できれば半年に一度は検査をしたい」とずっと言われていた。「検査」という言葉を聞くと、父は決まって当惑した表情を浮かべた。わたしも、父になるべく嫌な思いをさせたくない、という気持ちと、MRIのときのように無理やりでもレントゲン、CTの台に父を縛りつけるべきでは、という気持ちの板ばさみになっていた。

背中の痛みというのも、実は検査に二の足を踏んだ理由だった。背中の痛みを訴える状態で、身体を横にしたり一定時間じっとしていなくてはいけなかったり、というのはつらいだろうと思ったのだ。泌尿器科の先生とは、「インフルエンザの流行する季節に、長い時間、病院にいるのはよくないので、もう少し暖かくなったら検査をしましょう」と約束していたのだったが、その背中の痛みが、実は先生が心配していた骨転移のせいだった。

背中のどこがどう痛い、圧迫骨折のときと場所が違う、痛みも違うということを父は我々にも先生にも説明できなかった。二〇一四年に圧迫骨折したところは見た目も痛そうだったので、てっきりその部分が痛いのだろうと、我々は思い込んでしまっていた。実際にはそのいくつか上の胸椎に転移があって、そこが痛んでいたはずなのだが、父に「もっと詳しく、どこがどう痛いのか説明しろ」というのは酷な話だ。

では「背中が痛い」と言われた時点で、誰かが骨転移を疑っていたとしたら。検査をして骨転移が早めに見つかっていたとしたら。父の死を先延ばしすることはできたのだろうか。

考え始めるときりがない。あのときああだったら、もしあの時点でこうしていたら、そう考えても仕方がないことだと、あきらめるしかない。

毎回、病院について行きながら、毎日、父の様子を見に行きながら、結局、なんの役にも立たなかった反省は、わたしがひとりでじっくりするしかない。八十三歳は日本の男性の平均寿命を超えているのだから、と自分を慰めてみたりもする。

最後のテレビ出演となった『徹子の部屋』

神経内科の病院から、泌尿器科の病院に転院し、手術を受けることになった。転院のその日は『徹子の部屋』の収録の予定があった。

ご一緒するのは大橋巨泉《おおはしきょせん》さん。背中の手術を控えて、わたしは、無理して出演する必要はないと思ったのだが、父は「徹子さんと巨泉さんと約束したのだから出る」と言った。痛みは薬で抑え、リクライニングの大きな車椅子に乗って、病院から介護タクシーでスタジオに向かった。

麻理とわたしは転院先で入院の手続きをするために先回りして、病院で父を待つことになった。

スタジオに付き添った良明によれば、背中の痛みはなくなってはいなかったようだが、父は控室で徹子さんや巨泉さんと顔を合わせると、とたんに表情が明るくなったそうだ。やはり闘病中の巨泉さんとは、互いに支え合っている、という印象があったという。

車椅子の父がテレビ画面にどう映るか、わたしは不安だった。本心を言えば、もう人前に出るのはやめてほしかったのだが、父の意志は固かった。良明が、クッションや膝掛けで、大きな車椅子が目立たないように工夫し、のちに放映された番組を見た方たちからは「お元気そうで」と言われたりもした。実際、スタジオに入って、カメラが回り出すと、ここでも〝スイッチ〟が入ったという。人前で話をする、伝えたいことがあって話をするということが、父にやる気を起こさせているようだった。

第四章
在宅介護で父を看取る

親子三人水入らずの
最後の夜

手術は成功したが

亡くなる七月七日までの半年間、父は二〇一六年前半の三ヵ月を病院で、後半の三ヵ月を自宅で過ごした。

前の年の秋から「背中が痛い」と訴え、それまでは部屋の中ならひとりで歩き回って自分のことはほぼ自分でできていたのに、年が明けて一週間経たないうちに、人の手を借りなければ立ち上がることも難しくなってしまった。急激な体調の変化に父もわたしたちも戸惑うばかりだった。

パーキンソン病、前立腺がんと病気はいくつか持っていたけれど、どれも背中の痛みとは関係ないように思っていた。

「どうして歩けなくなっちゃったんだろう」と父も本当に困っていた。

一月の終わり、パーキンソン病の主治医の先生に父は入院するように言われた。

とにかく背中の痛みを取り除かないことには、この先の治療もできないということで、泌尿器科に通院していた病院に移り、二〇一六年二月一日に背骨を固定する手術を受けた。

背中の痛みの原因は、結局、前立腺がんの骨転移だった。泌尿器科の先生からは、それまでにも何度か「検査をしましょう」と言われていた。ＰＳＡ値が低くても、骨転移という可能性がある、ということだった。しかし、検査嫌いの父になるべく嫌な思いをさせたくない、とわたしは思っていたし、実際、背中を痛がっている父が、検査を受けられるとは思えなかった。

また、この背骨の手術前検査でわかったのだが、父は以前に小さな心筋梗塞を起こしたことがあったらしい。背中にボルトを入れる手術は、うつ伏せになってするものなので、心臓に負担がかかる。この手術で、ひょっとしてひょっとすることもありうる、という話を事前に聞かされた。それでも、背中が痛むまま、この先やっていくのは大変だと思ったし、父は運の強い人なので「大丈夫、ひょっとしてひょっとすることは絶対にない」と信じて、手術を受けさせることにした。

幸い、父の手術は無事に成功した。手術のおかげで、姿勢を変えるたびに訴えていた背中の痛みは、嘘のように消えた。ありがたいことに、我々が手を貸して起こしたり寝かせたりという動作も簡単にできるようになった。

金属製のブリッジとボルトが体内で背骨を支えてくれたおかげで、手術後、父はすっかり元気を取り戻したように見えた。

手術後はまた、リハビリの先生に足を動かしていただいたり、マッサージをしたり、父自身も足を動かそうという努力はしていたが、再びひとりで立って歩ける可能性はほぼなくなっていた。しかし、誰も父に「もう歩けないだろう」とは言えなかった。

父のためにメトロに乗って

二〇一六年一月からの三ヵ月間の入院中、父の食欲はあまりなく、歯が悪いせいもあって、病院食は食べたり食べなかったりだった。一方、食べ物の制限がなかったのは救いだった。何か食べたいものを言ってくれさえすれば、なんでも用意をしたのに、父はそれもなかなか言ってくれなかった。

病院食のお盆からとにかく食べられるものを探して、口に入れる。

昼はたいがい麻理の担当だったので、麻理が家で作ったものや、デパートで父の好きなものを買って届けてくれた。そして、病院にも来てもらっていた訪問ヘルパーさんと協力して、なんとか食べさせようとした。

この入院時には特に問題はなかったが、やはりせん妄が怖かったので、病室に父をひとりにすることは避けたかった。麻理と良明とわたし、さらに、実家に月曜日から金曜日まで通ってもらっていた訪問ヘルパーさんには、病室でもついていてもらうことにした。

病院での夕飯は、たいてい良明かわたしの担当だった。わたしは病院の食事を、なるべく噛まずに済むように潰したりして食べさせることが多かった。病院の近くに何軒かあったカレー屋さんから良明がテイクアウトで運んでくるカレーは、やはり病院食とは違って、父の食欲をそそるようだった。

あるとき、めずらしく父が自分から食べたいものをリクエストしたことがあった。

それは、早い夕方、もうそろそろ病院の食事が運ばれてくるかな、というときだった。父がサイドボードに置いてあったペンと紙を手に取って、いきなり絵を描き始めた。声が出たり出なかったり、はっきりしゃべれたりしゃべれなかったり、体調に波もあったので、父の手元にはいつもペンと紙が用意してあった。

父が紙に丸を描いて言った。

「これが不忍池《しのばずのいけ》」

「はあ?」

父がいきなりなにを言い出したのかわたしにはわからなかった。

父はわたしの反応を無視して、わたしに見えるように「ここからこう行って」と池を表す円の横に線を一本引っ張って「穴子寿司」と言う。

「あなごずし?」

「そう。おじいちゃんと食べに行った」

顔を見ると、夢を見ているようでもない。

「おじいちゃんと歩いてよく食べに行った」

「そうなの?」

父の浅草の実家は上野駅と上野駅の東にある浅草駅の中間地点。どちらの駅も歩いてたいした距離があるわけではないが、父が引っ張った線は上野駅の西にある不忍池からさらに西側を指している。

丸と線の絵だけで、いきなり「穴子寿司」と言われても、とは思ったが、そこは、最後まで携帯電話を拒否した父と違って、文明の利器が少しは使いこなせるわたしである。持っていたスマートフォンにキーワード「不忍池」「穴子寿司」などと打ち込んでみたら、どうやらそれらしい店の名が出た。父に画面を見せ「ここ？」と確認すると「そう」とうなずく。

「食べたい？」

「うん」

自分からなにかを食べたい、と言うことは本当にない父だったので、これはチャンスだった。とにかく食べられるものを口に押し込みたい。幸い、店の最寄り駅は病院の近くから乗る地下鉄の駅からいくつも離れていなかった。

「わかった！　買ってくるからここで待ってて！」

背骨を手術した父に「ここで待ってて！」もなにもないのだが。

病室を飛び出して駅まで走った。地下鉄の中で、もう一度、地図を確認する。降りた駅から店は遠くなかった。念のために電話で予約をしておいたので、すぐに折を渡してもらって、来た道をまっしぐらに駆け戻った。自分がこれほど機敏に動けるとは思わなかった。

スマートフォンの画像では、お寿司の大きさがわからなかったのだが、父と自分の分、二人前を買って帰ったら、これが思いのほか大きかった。折にぎっしり詰まった立派な穴子寿司は値段も張るものだった。

大きな穴子寿司を折からお皿に出し、一貫を半分にして父に渡すと、父は指でお寿司をつまんで口に運び、ぱくぱくっと、あっという間に二貫食べてしまった。一人前を食べるのはわたしでもやっとの量だったので、あのときの父には二貫でも十分な満腹感を覚えるものだったのではないだろうか。

父が気持ちのよい食欲を見せたのは、久しぶりのことだった。

ちなみに、浅草の実家から店まで歩いていったという話は、その後叔母から確認が取れた。地図を見ると四キロまではないがたっぷり三キロ以上はある。父はよく歩く人だったから、このくらいの距離はなんでもない。祖父は杖をついていた記憶があるが、一緒に歩けたのか。

浅草のおじいちゃんと父と、黙ってふたり並んで歩いたのだろうか。それとも話をしながら。なんの話をしながら歩いたんだろう。

食べることは生きること

口からものを食べることの大切さは、父のそばにいてつくづく感じることのひとつだった。食べることは生きることだと思った。父は歯さえよければ、もう少し長生きできたんじゃないかなあ、と、今さら、考えても仕方がないことを考えてしまう。

歯医者さんには何十年も通い続けていたが、結局、先生のほうで何代も代を重ねるほどの長いお付き合いになってしまった。何回か続けて治療に通い、仕事や旅でしばらくそれが中断する。仕事が一段落ついたところで、また歯医者さんに通い始める。それの繰り返し。先生としてはさぞ治療しづらい患者だったろうと思う。

この最後の入院のときには、入院先の病院の歯学科の先生が、病室を回って歯を診てくださっていた。父は歯茎がやせて、入れ歯が合わなくなってしまっていたので、良明が、入れ歯をかかりつけの歯医者さんに持っていって調整してもらったりもしていた。が、そのうち、父は入れ歯を入れることさえも嫌がるようになってしまった。朝起きたら入れ歯を入れて、夜寝るときには入れ歯を外すという簡単なことさえ、父には苦痛になったようだ。「歯を入れさせて」と手伝おうとしても、目を閉じて口も閉じてしまうので、そのうちこちらも手伝う気を失ってしまう。

嚥下《えんげ》の力がなくなってきてしまったのも、歯だったり、パーキンソン病だったり、いろいろな原因が重なって起きたことだと思う。

亡くなる年は、結局、なんでもいいからせめて口から食べてくれれば、と画策する我々の思いと裏腹に、父は食べることに徐々に興味を失っていくように見えた。

どこの病院でも「食事がおいしい」という話はあまり聞かない。父にとって、もともと「おいしいもの＝軟らかいもの」。では嚙めるもの、軟らかいものならなんでもよいのかというと、そうでもないので困る。

みんなで外へごはんを食べに行って、気がつくと、きゅうりのお漬物を「ぱりぱり」と音を立てておいしそうに食べている。なんだ、食べられるんだ、と思って、うちの食卓で普通の大きさのお漬物を並べると「これ噛めない」と言って手をつけない。母がやっていたように、麻理もわたしも、お漬物は刻んで出すようにしてはいたが、それにしても、外では食べられるものが、うちでは食べられないって、どういうことなんだろう。

食べたいものは「噛める」、食べたくないものは「噛めない」ということなのだろうが、父の気分に合わせるのは結構たいへんだった。

朝からあんこを食べる父

父が食べるものは以前からずっと偏っていた。

朝、父の食欲のないときは、こちらがなにを用意してもなかなか箸が進まない。そんなときにはあんぱん、あんまんといったあんこもの。なぜか朝からでも、あんこには喰いついた。

ちなみにあんこはこしあんである。粒あんは歯に当たるからか食べようとしなかった。父のラジオ番組のなかでも、あんこは「こしあん」か「粒あん」か、という論争が起きたことがあった。父は誰がなんと言おうと「あんこはこしあん」という主義を最後まで貫いた。

朝でも甘いものが食べられるというのが、わたしには理解できなかった。あまり食欲がないときには、父のほうから「あんまんある?」とか「あんぱんでいいんだけど」と言い出す。父は昔から中華まんが大好きだったので、冷凍庫にあんまん、肉まんは切らさないようにしていた。あんまんだけでは栄養が摂れないだろうと思うから「肉まんもあっためるから食べて」と言うのだが、たいていは、とても面倒くさそうに首を横にふられてしまう。

「じゃ、ふたつあっためるから、食べられなかったら置いといて。あとでわしが食べるから」と食い下がってみる。

体調がよいときには肉まんにも手をつけるが、気がつくと、結局、あんまんだけがお皿からなくなっている。しかも、正確に描写すると、ちょっと違う。せっかくだから、父のあんまんの食べ方をここで暴露してみたいと思う。

あんまんをふたつに割る。割って、スプーンで中のあんこだけすくって食べる。おしまい。

「まーた、あんこだけ喰った！」

うるさい娘だと思っていたことだろう。好きなものを好きなように食べてなにが悪い、と思っていたかもしれない。だけど、あんこだけ食べてしまうっていうのは、いい大人として、いかがなものだろうか。

あんぱんも、あんまんと同じ運命をたどる。中のあんこがなくなった中華まん、かすかにあんこの味が残る、穴の空いたパン、これは捨てるわけにもいかないから、わたしが食べた。

そんなあんこ好きの父に、いつだったか、チューブに入ったこしあんをスーパーマーケットで見つけて買っていったことがあった。父はスプーンにあんこを絞り出して食べ、ご満悦だった。

訪問ナースさんが来てくれるようになってから、父の行状を訴えたことがある。

「食べないよりはいいと思って、朝からあんまんとかあんぱんとか食べさせているんですけど、これって栄養的にどうなんでしょうね」

「あんこはお豆だから、悪くないと思いますけどねぇ」

なんて優しいナースさんだ。たしかにお豆は身体にいいとは思うが……。

「ふたつに割って、中のあんこだけすくって食べちゃうんですけど、それはどんなもんでしょう」

「あら」とナースさんが笑う。

わたしとしては是非ともナースさんから父に注意してもらいたかったのだが、結局は、食べたいものを食べたいように食べて、月に一回の健診や血液検査でも特に問題はなかった。高齢者によくあるという低栄養状態でもなかった。

嫌がる父に薬を飲ませること

背中に支えを入れる手術後、背中の具合は順調だったが、しばらくして、父は食事も薬も飲み込みにくくなってきたようだった。食事は次第に「なんでもいいから食べられるものをとにかく食べましょう」という状態になってきた。そして、薬についてのは、飲まなければいけない量が問題だった。

父はもともと「薬はおいしくないから飲みたくない」と言っていたので、薬が苦手な子どものために開発された服薬専用のゼリーを使っていた。そこで病室でも、家で飲んでいたように、スプーンに薬を小分けにして、お薬ゼリーを上からかけていたのだが、それも飲み込めなくなってきた。

しかも、飲まなければいけない薬の中のひとつに、大人の親指の先ほどもある、とんでもないサイズのものがあった。健康な人でも飲み込むのは難しいと思われる大きさで、父にはもうとても無理だった。

薬を飲み始めた頃は、スプーンに薬を山盛りに、そこにさらにゼリーをのせて味をごまかしていた。そのうちスプーン一回分を飲み込むことができなくなり、一回分の薬を二回に分けて飲むようになった。病院ではさらに、一回分の薬を何回かに分けて飲ませようとしたのだが、回数が増えれば増えるほど、父はつらそうな表情をして、それが長引くことになった。

「薬を飲むために食べるの?」という皮肉な言い方を、父はときどきしていた。せっかくおいしく食事をしても、薬のせいで台無しになる、とよく言っていた。食事のたびに嫌いな薬をふた匙《さじ》ずつ。嫌だ嫌だと思っている気持ちはよくわかったが、薬をきちんと飲ませるくらいしか、わたしにできることはなかった。

ある晩、病室で、夕飯のあとの薬を飲みたがらない父に「飲まないと治らないよ！」と大声をあげたことがある。「頼むから飲んで！」と父に向かってわあわあ喚《わめ》いた。あとから部屋に入ってきた看護師さんに「永さん、廊下まで声が聞こえていましたよ」と言われて恥ずかしい思いをしたこともある。

この薬はなんのために飲むのか、なぜ嫌でも飲まなければいけないのか、先生は父に詳しく説明してくださったし、話を聞いていたわたしも、父にわかるかぎりの説明はしてきたつもりだった。

父が、自分の身体のことや、病気にもっと興味を持っている人だったら、状況は違っただろうか。薬を飲まなかったらどうなるのか、わかっていて「飲みたくない」と言うのだったら、わたしは、薬は無理に飲み続けなくてもいいと思っていた。注射や通院もそうだ。注射は痛いからしたくない、でもしなかったらどうなるのか。面倒だから病院に通いたくない、通わないでいたらどうなるのか。そのことが父自身、納得できるのだったら、薬も注射も通院も、わたしは拒否していいと思っていた。

しかし、自分の病気に興味を持たない父は、そういうことを知ろうともしなかった。あれこれ考えるのがもう面倒だったのかもしれない。

病室の外の廊下にまで聞こえる声で「薬を飲んで!」と、わたしに喚かせないでほしかった。わたしもイライラしていた。なにしろ薬がよく効く父だったから、せっかくだから飲んでほしい、という思いと、そんなに嫌なら飲まないでどうなるか様子を見てもいいのではないか、という思いがあった。

父も八十歳を超えていた。父が嫌がることをしたくなかったし、嫌な薬を飲んでまで、寿命を延ばすつもりは父自身にもなかったのではないかと思う。きちんと薬を飲み続ければ、あとこれくらいは寿命が延びますよ、などということは誰にも予測できない。もし本当に残り少ない日々だったなら、父だってわたしに怒鳴られてまで薬を飲まされたくはなかっただろうし、わたしはわたしで父に大声をあげたことを思い出すだけで気分が悪い。お互いに嫌な思いをするだけだ。

「父が嫌がるので……」と言うわたしは、お医者さまにも「千絵さんはお父さんに優しすぎる」と言われた。優しいのではない。面倒なだけだった。

「飲みたくない」と言われれば「そうだよね、飲みたくないよね。飲むのやめちゃえ」と言いたかった。無理やり飲ませないで済めばわたしも楽だ。

「注射は痛いから嫌だ」と言われれば「そうだね、痛いもんね。やらないでいっか」と答えたかった。「今日は注射だから」と言われて気落ちした様子の父を病院へ連れていかなくて済めば、どれだけ楽だったか。

薬を飲まない、注射をしない、病院へ行かないことでどうなるのか、父がせめてわたし程度にでもわかっていてくれたら、と思う。周囲になんと言われようと、ふたりで「薬飲みません。注射やめます。病院にも、もう行きません！」と宣言したのに。

せめて巨泉さんの半分でいいから

父のラジオ番組の重要なゲストのひとりに、大橋巨泉さんがいた。巨泉さんも病気をいろいろ抱えていたが、ご自分の病気、症状をいつもきちんと把握していらした。巨泉さんがラジオで闘病の話をしていらっしゃるのを聞くたびに、感心した。自分はこういう状態なので、こういう治療を受けています、こういうことになったのでこうしていくつもりです、ということを理路整然と説明する。

父が、せめて巨泉さんの半分でいいから、自分の身体のこと、自分の状況をわかってくれていたらなあ、と話を聞くたびに思った。

巨泉さんとは、父の最後となったテレビ出演『徹子の部屋』でご一緒させていただき、巨泉さんが亡くなったのも、うちの父のあと、ほんの数日違いとなってしまった。

診察で先生方に会って、これからの治療について話をうかがったあと、父とそのことで話をするたびに「じゃあ、わいしが決めちゃっていいんだね」という脅しを、何度かけたことか。

先生の説明に対して「聞いてなかった」「わからない」「おまかせ」「あなたのいいように」と父に言われ続けたわたしは、自分のせいで父親が死んだら、その責任をどうやって取ったらいいんだろう、ということばかり考えるようになった。父のことをわたし以上に思ってくださる方、心配してくださる方も大勢いて、父になにかあったら、わたしは死んでお詫びしなくてはいけないのではないか、と思うようになった。

父の人生の最後のスタジオ

父の入院後、父の名のついたラジオ番組は、長年父の番組でパートナーだったアナウンサーの外山惠理さんと長峰由紀《ながみねゆき》さんが週替わりで、はぶ三太郎さんと一緒にパーソナリティを務め、毎回さまざまなゲストの方たちが支えてくださっていた。番組改編の区切りは四月、七月と三ヵ月ごとにあるわけだが、父がスタジオに不在のまま、番組は四月からも続くことになった。

が、父の進退がわからないまま、ただ番組を続けてもらうわけにはいかない。どこかで区切りをつけないといけなかった。麻理は機会をとらえては、父に仕事の話をしようとしてくれたが、生死にかかわるかもしれないお医者さんの話さえ、娘に「おまかせ」してしまう父である。麻理の努力には感謝をしたいが、父の状態を見るにつけ、これは自分ではどうしたらいいか判断しかねているのだろうし、明確な答えは得られないだろうな、と思った。

二〇一六年二月末、手術が無事終わったという報告をするために、父は生放送のスタジオに入った。

ずっと前から、麻理とわたしは、父をスタジオで、生放送中、あるいは放送終了と同時に死なせる、という構想を練っていた。わたしはそのために以下のようなシナリオまで書いて準備していた。

番組の終わり、恵理ちゃんが「今日もお聞きいただいてありがとうございました。スタジオは……」と言う。

「エイロクスケ」と言うはずの父がなにも言わない。

「永さん！　ご挨拶してください」と恵理ちゃんが、机の下で父の足を蹴る。

「あれ？　……息していない」と三太郎さん。

「永さん！　永さん！」という恵理ちゃんの声で番組が終わる。

こんなふうになったら、スタジオには大迷惑がかかるだろうけれど、父は幸せだろうな、と考えていたのだ。

ちなみに、惠理ちゃんが父の足を蹴ったことはない。

しかし、現実はそううまくはいかない。

この日、〝孝雄〟担当のわたしは家でラジオを聞いていた。だいぶ前から、わたしは父が〝六輔〟になる場所には、もう顔を出さないと決めていたので、父には〝六輔〟担当の麻理と、良明が同行していた。

手術後、なかなか調子が戻らない父だったが、スタジオに連れていけば、もう一度ここに戻ってきたい、という意欲が湧くのではないか。そんな期待を込めたスタジオ行きだった。

残念ながら、思ったように声が出せず、父としては不本意だったかもしれないが、それでも、行かないより、無理をしてでも行ってよかったと思う。

結果的にはこれが父の人生の最後のスタジオとなった。

誤嚥性《ごえんせい》肺炎の怖さ

本格的な退院の前に、一度うちに戻れば、気分が変わるのではないか、ということで、日帰りの退院許可をもらったのは二〇一六年三月初めだった。うちに連れて帰ると、用意してあった海苔巻きやあんぱんを父がぱくぱく食べ出した。

「やっぱりうちは違うよね」と言い合ってみんなで喜んだのだが、一時帰宅から病院に戻って数日後、父が誤嚥性の肺炎を起こしたことがわかった。あのとき、おいしそうに食べるからといって、無防備にいろいろ食べさせてしまったことが原因かもしれない、と、そのことは今でも後悔している。

この誤嚥性肺炎のせいで、治るまでは絶食、ということになった。薬も口から飲めなくなり、点滴で入れることになった。食べたり食べなかったりという食べムラがあり、それまでに体力も落ちていたために、父は見た目にも弱ってしまった。

誤嚥を繰り返してはいけないということで、歯学科の先生が毎日、父に嚥下の練習をさせるため来てくださることになった。

妹と介護施設に行ったが

入院中の父の様子を見ていて、退院後は、二十四時間、呼べばすぐに誰かが駆けつけてくれる施設のほうが、父も、自分たちも、安心できるのではないか、と麻理から提案があった。

そこで、同年四月、麻理とふたりで、新しくできるという、比較的家から近い施設を見学に行った。二十四時間なにかあれば職員が飛んできてくれる。週に何回かお風呂に入れる。もちろん下の世話も心配しなくてよいし、具合が悪くなれば提携の病院に入院もできる。

「わたしだったら入る」と麻理が言った。家族に手間をかけさせたくないから。

わたしにもその気持ちはよくわかる。

わたしも妹も子どもは息子が二人ずつ。「息子＝男だから」「娘＝女だから」という差別はしたくないと、普段から思っているにもかかわらず、正直なところを言えば、やっぱり「息子に世話はしてもらいたくない」と思う。それならば施設に入ったほうが、きっと気が楽だ。先立つものさえあれば、だが。

施設の設備や部屋を見せてもらいながら、父が入院している病院の個室の半分もないくらいの部屋の狭さにちょっと驚き、同時に二〇一一年にあった大腿骨骨折時の入院のときの記憶がよみがえった。

病院から出るのはいいが、そのままこの部屋に移ってきたら、またせん妄が始まるのではないか。自分がどこにいるかわからなくなって、今度はもうそのまま、〃あっち側〃に行ってしまって戻ってこないに違いない。

施設に入って〃あっち側〃に行ってしまうのであれば、施設の場所はどこであっても問題はないはず。我々の家や父の家から少しくらい遠くなっても、せめて、もっと広い部屋に入ってもらいたいと思った。

退院を考えていたその時点で、父も麻理も、父の仕事への復帰をあきらめてはいなかったはずだ。母のときと違うのは、その退院が「自宅で最期を看取る」ためのものではなく、「少しでも気力体力を取り戻す」ためのものだったこと。

だったらよけいに、家に戻ることが大事だとわたしは考えた。半ば強引に「わたしが見るから、家に戻ろう」と決めた。

在宅を選んで

二〇一六年四月半ばに退院が決まり、在宅で療養することになった。

父には申し訳ないが、このとき退院して家に戻って、「年内かな」とわたしは思っていた。でももしかしたら、家に戻ることで調子がよくなって、介護が一年、二年、もっと続くことになるかもしれない、とも考えた。そうなったときに、自分の体力と気力がどれだけ持つか、自信がなかった。施設という選択肢を捨ててからも、ネットで「すぐに入れる施設」を探し、何軒か見つけて安心する自分もいた。

結局、母も父も、退院から家に戻って亡くなるまで約三ヵ月。緊張感は持ち続けることができたし、わたしとしても体力的に本当にくたくたになる直前で介護を終えられた。なんという子ども孝行な両親だろう。感謝しかない。

ヘルパーさんには入院中も昼間、病室にいていただいていたそのままに、家に戻ってからもう一度あらためて昼間担当をお願いした。

「家に戻る、施設には入れない」

はっきりどうしたいかを言わない父になり代わって決めたのはわたしだった。介護離職という言葉も耳にする機会が増えたが、わたしの場合、時間の融通が利く原稿書きという仕事はありがたく、辞めるつもりもなかった。仕事は細々とでも続けられる間は続けたいと思っていた。

昼、わたしが仕事で出ている間は毎日、ヘルパーさんと麻理に任せ、それ以外の時間は、なるべく自分が父のそばにいようと思った。泊まりは自分がやらなければいけないとも思ったが、実際には身体が続かないだろうということも想像できた。結局、週に四晩はわたしが泊まり、二晩は良明、残りの一晩は夜のヘルパーさんをお願いすることになった。

さらに夜中の見守りを頼むことになった。昼間の父は手伝えばベッドに座ったり、身体を起こすこともできたが、夜、眠ってしまってから自力で寝返りを打つことは難しくなっていたため、時間を決めて、身体の向きを誰かが変えなければならない。そういうサービスがある、という話を教えてくれたのは訪問ナースの「ボス」だった。

訪問医の先生は週に一回来てくださることになり、日々の介護と看護は入院前のチームが復活した。そして、ケアマネージャーさんの登場である。手すりは父が入院中にすべて撤去してもらっていた。残念ながら、また手すりを使って歩けるようになる、という期待を持つのはもう難しかった。ナースさんとケアマネージャーさんとで、ベッドや必要な医療器具の確認があって、退院の日までには、きちんと準備が整った。

「ボス」から教えてもらった夜中の寝返り＝体位変更の手に関しては、ケアマネージャーさんがそういうサービスを提供してくれる会社を探し、手配してくれた。体位変更は三、四時間に一回行わなければならない。姿勢を変えないと、床ずれができてしまう。昼間はヘルパーさんか麻理がいる。問題は夜だった。

「とにかく睡眠はきちんととらないと、介護をする家族が倒れたら困ります」

ケアマネージャーさんからのそんな忠告もあり、手配をお願いした。本当は夜十時、夜中の一時半、明け方の五時と三回頼みたかったところ、夜中の一時半は予約枠がいっぱいだとかで、すぐには来てもらえないことがわかった。結局、夜十時と明け方の五時の二回の訪問をお願いすることになった。

一時半の〝枠が空く〟ということの意味はあまり深く考えたくなかったが、いちばん大変な時間だということはすぐにわかった。このサービスは利用できて本当に助かったのだが、なるほど、ほかの時間に来てもらわなくても、夜中の一時半さえ見てもらえれば、一晩を通して寝られたはずだ。一時半の手があれば、夜と明け方はわたしが自分で寝返りを打たせることもできたな、というのが、実際にやってみてわかったことだった。

始まってみれば、大変な仕事に頭が下がった。十時はまだわたしも起きている時間だったから、体位変更をしてもらい、手伝えることがあれば一緒にやった。それから、夜中の一時半に目覚ましをかけて寝る。父のベッドの横の、母が最期まで横になっていたソファで眠り、目覚ましで起きる。一時半に父が右を向いて寝ていれば左を向かせる。左を向いていれば右。それが終わったら、少しまとめて眠ることができる。寝られるのは一時半以降だが、明け方の体位変更はやってもらえるので、六時、七時までは寝ることができた。実際には、父の様子が気になって落ち着かず、どうしても眠りは浅くなったが。

明け方、管理室に預けてある鍵を使って、部屋に人が入ってくるというのは、正直言って落ち着かないものだった。ふと気がつくと、父のベッドのそばに人が立っている、という光景が、ほのかな灯りの下で見える。この人たちは、いったい一晩に何人の人に寝返りを打たせているのだろう、と考える。あちらの家、こちらの家に鍵を使ってそおっと部屋に入り、寝ている要介護者に寝返りを打たせてまた静かに部屋を出ていく。

今でも、このサービスを提供してくれた会社の車が家の近所を走っているのを見かけることがある。朝早い犬の散歩で、この車に行き合うと、思わず「ご苦労さまです」と手を合わせたくなる。今日はもう終わりですか。これからまだ回るんですか。世の中にはいろいろな仕事があるものだ。父の介護がなかったら知ることもない仕事だったな、と感慨深い。

どたばた騒ぎの在宅介護

朝四時半から五時くらいに一度、体位変更サービスがあるので、わたしが起きるのは六時すぎ。父に声を掛けて、熱、脈、酸素飽和度を測る。ノートにそれぞれの数値と昼の担当への連絡事項を書いていると、九時にナースさんが来てくれる。体調に多少の波はあったが、すぐに問題になるようなことはほとんどなかった。

九時にナースさんが来ると、まずは口の中を見て、スポンジで口内をきれいに拭《ぬぐ》う。温めたタオルで顔と身体全体を拭く。体調がよければ、ベッド端に足を下ろして座る。その姿勢でテレビを見たりすることもよくあった。

パジャマの着替えやシーツの取り換えは、ナースさんが実に手際よくやってくださった。たまに、ナースさんがいないときに、汗をかいたり点滴がもれて濡れたりしたパジャマやシーツを替えなくてはいけなくなると大変だった。わたしの手際が悪いので、父には気の毒だったが、ナースさんの見様見真似で、横になったままの父を、右を向かせたり左を向かせたりと何度も繰り返し、両手でベッドの柵につかまってもらい、パジャマやシーツを引き抜いた。

このどたばた騒ぎを、もうあきらめたかのように、父は目を閉じて耐えていた。そんな父に「ごめん！　あと少し！」「もう一回、手すりにつかまってくれる？」などと声を掛けるのだったが、これは実は自分自身に対する励ましの声掛けだったかもしれない。
今ならもっとうまくやる自信があるのだが、時すでに遅し。

昼間の点滴などナースさんの処置が終わる十時頃に訪問ヘルパーさんが来てくれる。そこで今日の予定や昼のリハビリ、お見舞いの予定を確認して、わたしは父の家から仕事へ出かける。

もともとわたしも暮らしていた家なので、仕事の資料や着替えなどを持ち込んでの生活に特に不自由はなかった。家が二軒あるようなものだ。仕事のない日は自分の家に戻って、ふわふわした猫の毛に癒され、犬の散歩で気分転換をする。いつまで続くかわからない、というのは不安だったが、続いても大丈夫と思える環境は、父のことだけに専念できるよう、それまでに整えていたつもりだった。

昼間はヘルパーさんと麻理が、口から食べる練習や、少しでも声を出して話ができるように、と頑張ってくれていた。お見舞いがある日には、約束した時間に、父がちゃんと起きているように調整するのも大変だったと思う。

父とがっしり抱き合う日

十四年前に母親を在宅で看取った経験があるとはいえ、父親を看取るのは今回が初めてだったので、これはこれで大変だった。

在宅での介護、看護、看取りを、両親で二回経験したわけだが、何事も、一回目より二回目、二回目より三回目（!?）のほうがうまくいくのは当たり前。今回仕入れた知恵や知識ももう使えないのか、と思うと残念だ。夫が倒れたら、少しはこの経験が生かせるのだろうか。夫より先にこっちが倒れるかもしれないし、そこはなんとも言えないが。

母の身長は一五〇センチちょっとしかなく、具合が悪くなってからは体重も減っていたはずなのに、横になっている母を座らせるために抱き起こすのは一苦労だった。自分より一回りも小柄な人間を、まったく動かすことができないのには驚いた。眠ってしまった子どもがどれだけ重いか、抱っこしたことのある人はわかると思うが、力の入っていない人間は本当に重くて、ちょっとやそっとでは動かすことはできない。

　母の介護のときに、寝ている人を抱き起こすコツは習ったのに、父のときには、すっかり忘れていた。ありがたいことに、父は上半身の力はしっかり残っていたので、抱き起こすのに力はそれほど使わず、すっと起こすことができた。わたしが父の正面に立って、父に、わたしの肩に腕を回してもらう。背中でしっかり手を組んでもらえれば、わたしのようなおばさんの力でもなんとか抱き起こせる。家では背中や足が持ち上げられる病院仕様のベッドを使っていたから、ある程度背中を起こしてしまえば、足を下ろして座ってもらうことも簡単だった。


　父子が一緒にいるところを見た人に、顔のそっくりさかげんを笑われて以来、一時は父となかなか目も合わせなくなってしまった娘である。父とがっしり抱き合う日がくるとは思わなかったし、そんな日がきたことが寂しくもあったが、ちょっとうれしかったりもした。

　力仕事といえば、やはり夫の手が必要だったのだが、上半身がしっかりしていた父を起こすことはわたしでもできる。が、それは同時に、どれだけ父が弱って衰えてきているかということの証明でもあった。わたしが父を動かせる。起こす、座らせる、横にする。父をベッドに寝かせたまま、パジャマやシーツを替える。

寝ている時間が長ければ、当然、パジャマやシーツを汚すことがある。父の場合は、付き添いの人間が気づかないうちに点滴の針を抜いてしまって、シーツが薬液でびちょびちょになってしまうということが何度かあった。訪問ナースさんに「父が点滴の針を抜きました！」と電話で言いつける。最初のうちは、夜間でもナースさんに来ていただいて、パジャマもシーツも総とっかえしてもらっていたのだが、そのうち「やっておきます！」と言えるようになった。

夜、人目があまりないときに父は自分で針を抜いてしまうので、お医者さん、ナースさんとも相談して、夜間の点滴はしないで済むようにしていただいた。

ちなみに、母のときと違ったのは、経管栄養《けいかん》の針をいちいち抜き刺ししないでよくなったこと。父の場合、針はポートに刺さったままだったので、その管の先に点滴の袋をつなげるだけでよくなっていた。もちろん手洗いはしたが、母のときのような厳重な手洗い、消毒などの手間はかからないようになったし、その分、感染の不安も小さくなったというわけだ。

ポートと針の処理はナースさんがやってくださるので、点滴の針の先端はポートに入れたまま、使わないときには針からつながる細い管はくるくるっと丸めてパジャマの衿裏にテープでとめておいたりした。

注射針が好きなわたしには、ちょっと残念なことだったが。

奔走する妹とあきらめの早い姉

家に戻って満足な栄養が摂れないのは困るということで入れたポートだったが、口から食べさせようという努力も続けられた。昼間の担当の麻理が、ヘルパーさんとナースさんと一緒に、なんとか口から食べられるように、と頑張っていた。そのうえにやはり訪問の言語聴覚士さんの力も借りて、ひと言でもはっきりと言葉を発することができれば、まだ当時続いていた父の番組に、声を届けることができるのではないかと麻理は前向きに考えていた。

実際、もう一度スタジオで話をさせたい、という夢を、わたし以外の皆は捨てていなかった。

あきらめが早いのはよいことか悪いことか。時と場合にもよるだろうが、娘ふたりの態度はそこではっきり分かれた。

母に、末期のがんで余命数ヵ月という診断が下されたとき、わたしはなにより先に、その数ヵ月後の自分たちを想像した。

まず、母がいない状態を想像できないことが衝撃だった。そしてすぐに、母を見送らなければならないなら、母を心配させるようなことがあってはならない、と思った。

まさか、母が先に逝って、父と娘ふたりが遺されるとは思っていなかった。母抜きでは向き合って話をすることもほとんどなかった父と娘たちである。母がいて会話が成立する、という時期もあったので、父と妹とわたしの三人でこの先どうやって生きていけばよいのだろうか、と考えると、頭の中が真っ白になった。

そんな〝悪夢〟が現実になろうというときに、わたしは母不在の世界を迎えるにあたって、目の前の母ではなく、残された父をどうすればいいかということしか考えられなかった。

「父は母がいなくなったらどうなっちゃうんだ」

「ひとりになってしまう父の面倒を誰が見るんだ」

「母がいなくなったら、父もすぐに死んでしまうかも……」

しかし、麻理は違った。西に母に効きそうなよい薬があると聞けば行って買い求め、東によい医者がいると聞けば行って話を聞く。民間療法はともかく妙な商法に巻き込まれやしないかと、心配になるくらい、わたしと違って必死だった。

麻理は、今、そこに生きている人をどうにかしようと頑張っているのに、わたしは先のことが不安で、こうなったらどうしよう、ああなったらどうしようという心配ばかりしていた。


父の在宅療養にも似たような場面があった。

大腿骨骨折から始まり、いろいろな病気が出てきて、背中の圧迫骨折など、次第に体力気力の衰えていく父を見ながら、わたしは「仕事はもうしなくていいよ、お疲れさま」と思っていた。

定年もなく、自分の好きな仕事を続けてきた父である。仕事を辞めれば、それは父にとって死を意味するということはわかっていながら、「もういいんじゃないの、人の一生分、七十年間働いてきたんだから、これからはゆっくり休んでもらいたい」と思っていた。

二〇一六年の入院時、父は、麻理や良明が仕事の話をしても、積極的な様子をあまり見せなくなっていた。父に「仕事に戻りたい！」という意欲がちょっとでも見えるようなら、わたしもできることはなんでもするつもりでいたが、入院の日数が経つにつれ、わたしは、父は仕事にはもう戻らなくていいんじゃないか、と考えるようになっていた。

本当だったら、母が父にタオルを投げるはずだったのだ。母が生きていて、どこかの時点でタオルを投げていれば、父はそこでひと息つけていたに違いない。その母が先に死んでしまったのだから、身体が思うように動かなくなっても、父には仕事を辞めるという頭はなかったと思う。そして、娘のわたしが投げるタオルでは、父は仕事を辞めないだろうということもわかっていた。

一方、麻理は、父の体力気力が失われていくように見えるのは、仕事に戻れないかもしれないという不安があるからだ、と考えていたようだ。ちゃんとしゃべる練習をして、スタジオまでは通えないにしても、番組に声を届けることができるとわかれば、気力も体力もまた上向くのではないか、ととても前向きな考え方をしていた。

だから、訪問ナースさん、ヘルパーさん、言語聴覚士さんの力を借りて、父の発声のリハビリに力を注いだ。

わたし自身は、父が仕事に復帰する必要性は感じていなかったが、麻理のこの努力には頭が下がる思いだった。

父になんとかきちんとしゃべらせようと頑張る麻理と半分あきらめている自分を比べ、母のときもそうだったことを、思い出した。

父が死んだ今、なにが正解だったのかはわからない。

「ご本人にも相談して、ご本人の意志で決定しましょう」と周囲から言われる、いろいろな場面があった。背中の手術は「痛みを取るため」だったので、ほぼ否応もなく手術台に乗せてしまったが、仕事、治療法、退院後の居場所など、相談したいことはたくさんあったし、本人に決めてほしいこともたくさんあった。

ところが、本人がはっきり自分の意志を表明しない。治療も仕事も「続けたい」「辞めたい」とはっきり意志表示をしてくれれば、なにも問題はなかったはずなのだが、わたしには、父がもう考えるのも面倒くさいと思っているように見えた。なにかを決めるということが、ある時期から、難しくはなっていた。仕事に関しての決定もなかなかできずに、先延ばしにすることが、それまでの一、二年で増えていた。

結局、周囲がそれぞれの思いを出し合うしかない。意見を出し合って、どれがいちばん父の意志に近いだろう、と相談することになる。

麻理がいて、わたしがいて、この真逆のふたりから一歩離れたところで意見を言ってくれる良明がいて、よかったと思う。

奥ゆかしい父に覚えた歯がゆさ

さらに家族や身内以外にも、その人のことを思ってくれる人が多ければ多いほど、考え方や意見がいろいろ出てくる。言ってきてくださる方たちには申し訳ないが、わたしにとっては、これはうっとうしかった。

そういう声を無視するつもりもなかったが、うちの場合はとりあえず、父の介護、看護に関しては、娘ふたりとマネージャーの義息の三人が集まって話し合うことでほぼ決めてきた。

「お父さまの意志を尊重して……」という言葉に対しても、だんだん「父は自分の考えをなかなか言わない人なので」という言い方で逃げることが増えた。母だったら、逆にこっちが困るくらい、はっきり言ってくれただろうなあ、と思うと、父の奥ゆかしさは実に歯がゆかった。父に近い性格のわたしが「歯がゆい」と思うくらいだから、母に似た麻理は、より強くそう思っていたと思う。

わたしはわたしで、父の胸中を勝手にああでもないこうでもないと察して「孝雄くんはこうしたいと思っている、と思うんだけど」というような物言いをするしかなかった。自分が顔も考え方も父に似ているからと、父の思考を推測するのは、自分の義務だと思っていたようなところもある。

父には、麻理とふたりで施設を見に行った話をし、身内で相談もした。もちろん父の意志が最優先なのだが、このときも、父ははっきり意見を言わなかった。施設に入るという話には明らかに気が進まないようだったが、「家に帰りたい」とも言わなかった。「帰りたい」と言ってしまうと、今度は我々家族に負担がかかってしまうという思いが、父にはっきりした返事をさせなかったのだろう。そういうところで父は家族にさえ遠慮をする人だっだ。

母がいたら「どうしたいのか、はっきり言って！」と父を叱ってくれただろう。結局、最後まで「うちへ帰りたい」と口では言わなかった父を帰宅させることにしたのは、わたしだった。父の意志を代理で表明したつもりになって。

だから、最終的な責任も自分が取るつもりだった。ただ、どうやって責任を取るつもりだったのか。なにか起きても、わたしに取れる責任ではなかったとも思うが。

午前の父と午後の父

父の容態には大きな波があった。パーキンソン病のせいなのか、午前中はあまり調子がよくない。それは数年来ずっとそうだった。

午後になると、少し調子が上向いてくる。最後の入院をする前、家にいるときも、朝と違って、午後は歩行もしっかりしてくるし、言葉もきちんと発することができた。

麻理は、調子が上向く時間を狙って、ナースさん、ヘルパーさんたちと一緒に、父に食事をさせたり、言語聴覚士さんのタイミングが合えば、発声の練習をさせようとしていた。

午後も夕方以降、遅くなったほうが、父はしっかりしている時間が長かったように思う。ナースさんもヘルパーさんも帰ってしまう時間帯のほうが元気だったようだ。

調子がよいときには、ベッドの背に上半身を立てるだけでなく、ベッドの端に座って足を下ろした状態で、夜のニュースを見ていた。たまに、ベッドからいつも座っている椅子に移りたい、という要求もあった。「起きたい」「椅子に移りたい」は、最後の頃は言葉ではなく、手話のような合図になってしまったが。

ナースさんもヘルパーさんも帰ってしまったあとで、わたしひとりが残ったときに「椅子に移りたい」「外に行きたい」と言われてしまうと「ごめん！　今、わしひとりなんだ」と謝るしかなかった。「良明を呼ぼうか」と聞けば「そこまでしなくていい」と言われてしまう。

父がしっかり、わたしの首につかまってさえくれれば、座ったり、姿勢を変えたりすることが簡単だとわかってからは、ただベッドに横になっているよりは、ベッドの端にでもなるべく座らせて、足を床に下ろすようにした。足を下ろして座ると、それだけで表情がきりっと変わることに驚いた。

「枕から頭を離すのは、大事なことなんですよ」とナースさんも言っていた。

詳しい理由はわからないが、表情が変わるのを見るだけで、やはり身体を起こして、姿勢を保つことは重要なんだと思った。

親子三人水入らずの時間

七月六日の晩、この日はいつもと違って、ちょっとした〝冒険〟があった。

いつもは家族の夕飯を作るために、夕方、わたしと入れ替わりに家に帰る麻理が、その日はめずらしく父の家に残って、父と麻理とわたしの三人で、かなり長い時間を一緒にすごしたのである。麻理は昼の担当、夜から朝がわたしと良明の担当というふうにスケジュールを組み立てていたので、父と娘の三人で揃って時間をすごすのは久しぶりだった。

その晩、父はどういうわけだか、いつにも増して調子がよかったので、ベッドの端に座ってもらった。ただ、自力で姿勢を保持するのは、ちょっと難しそうだったので、父の腰のまわり、背中とベッドの間にクッションを詰め込んで、座る姿勢を作った。

この日は麻理が、父の後ろに立ってクッションで背中を支えてくれた。その状態で、父は夜のニュースを見始めたのだが、せっかくしっかり起きた状態で座っているので「なにか食べよう」ということになった。

本当はナースさんが立ち会ってくれないと、我々だけでなにか食べさせるのは怖かった。怖かったのだが、いつもより調子がよさそうだったので、ここで食べなきゃもったいないと、とりあえずアイスキャンデーを食べさせることにした。

昔から父はアイスキャンデーが大好きで、冷凍庫が「Ｄｏｌｅ」のフルーツ味のアイスキャンデーでいっぱいになっていると幸せ、という人だった。少しでも本数が減ってくると、わたしに「アイスキャンデーがもうない」と言う。言われるから見てみると、まだ冷凍庫に入っている。好きな食べ物が一時でもなくなることが心配だったのかもしれない。まだ元気だった頃、訪問ナースさんが来てくれ始めた二〇一四年の夏の暑いさかり、アイスキャンデーひと箱をほとんど一気に食べておなかをこわしたことがあった。このときはさすがにナースさんにも呆れられていた。

「子どもじゃないんだから、ひと箱いっぺんに食べるのはやめて！」と父に向かって喚くわたしをナースさんも苦笑いしながら見ていた。

麻理にクッションで背中を支えてもらったまま、父にアイスキャンデーを渡すと、おいしそうになめ始めた。一本の半分ほど食べたところで、口もよく動いているようだし、麻理が言語聴覚士さんに聞いて買ってきてあったするめをしゃぶらせてみることにした。

父は、体調にもよるのだが、言葉が出るときと、思うように出ないときの差が激しかった。麻理は、スタジオへの復帰は無理でも、言葉さえ滑らかに出れば、その声をスタジオに届けることができると、父のリハビリに精を出していた。言語聴覚士さんの話では、するめをしゃぶると、唾液が出る、顎が動くなど、いいことがたくさんあるので、「是非やってみてください」ということだった。

父はお酒を飲まないので、こういうおつまみ系のものを食べている姿は、それまでに見たことがなかった。さらに、父は若い頃から歯が悪く、かなり早くから総入れ歯になっていたので、何度も嚙まなければならないような硬いものは嫌がって、いっさい口にしたことがなかった。

そんな父がするめを勢いよくしゃぶるので、驚いて思わず笑ってしまった。

「おいしい？」

「おいしい」

言葉がはっきりと出てきた。

「するめなんて、食べたことないもんね」

しゃぶっているうちに、するめもくたくたになってくる。調子に乗って、飲み込まれてしまったら困るので、かわいそうだったが、父が手に持ったするめを、そのままずるずると口から引き出した。

「いくら軟らかいからって、飲み込まないでね」

「あぶないね」と父が滑らかに発音する。今度は言った父が、自分で驚いて笑った。

するめの効果は実に大きかった。

このときの父の様子で、麻理とわたしは、「ここから先、まだまだいける！」と自信を持った。自力で身体を動かすことが難しくなっていたし、話せるときと話せないときがあるという不安定な波のある状態だった。しかし、リハビリを重ねればうまく乗り越えられるかもしれない。もう仕事には戻れないかもという不安から、なにか諦観が漂うようになっていた父も、もう一回やる気を起こしてくれるかもしれない、と本気で思った。

さすがにあまり長い時間座っていると疲れるだろうから、父にはベッドに横になってもらって、早速、麻理と相談した。

午前中はもともと力が出ないので、無理にリハビリをさせることはない。わたしが仕事に出かけている間、麻理とヘルパーさんが見舞い客を迎えたり、発声練習をさせたりしようとしている時間、この時間を、もっと遅くにずらせばいいのではないか。相手のある話なので「夜、来てください」とは、言語聴覚士さんにも、見舞い客の方たちにも、なかなか言いづらいが、それでも、この調子なら、来てもらうのは夜だ。なんとか活動時間を夜にずらしていこう。そうすれば、リハビリもはかどるだろうし、お見舞いに来てくださる方たちも、父の元気な姿を見て喜んでくれるに違いない。手がかかるから、と息子たちを追い出したわたしと違って、家族のために料理を作ることを大事にしている麻理は、夕飯を作りにうちに帰ってもらって構わない。間をおかず、良明かわたしがつなぐから、そこでリハビリをやってもいい。

「ナースさんにも相談してみよう」

早速ナースさんと、その場にいなかった良明にもメールを送った。

「今夜は座っている時間がとても長く、アイスキャンデーを食べ、するめを口に入れ、そうすることで言葉も滑らかになりました。明日から、夜、リハビリをやってみたいと思います」

メールを送った人たちから「すごい、すごい！」と返信をもらって、盛り上がった。長時間、座って、しゃべって、食べて、笑った父は、さすがに疲れたらしく、横になってすぐに眠ってしまった。

父の臨終

翌七月七日。

在宅の看護が始まって三ヵ月近く、わたしは週に四晩、父が住む実家に泊まり込んでいて、その日も朝まで父と一緒だった。朝九時には訪問のナースさん、十時にはヘルパーさんが来てくれたので、そこで交代し、わたしは家に戻った。

このバトンタッチの時点で、「また、あとで来るからね」と声を掛けてのぞき込んだときの父の顔色はかなり白かった。

「じゃね、ばいばい」

手をふるのではなく、じゃんけんをするみたいに手をグーパーグーパーさせるいつもの挨拶を、この朝、父が見ていたかどうか、わからない。

ただ、顔色を見て、昨日盛り上がったことで疲れているんだな、と思った。

そして昼すぎ。家に戻って一時間、二時間経った頃だろうか。いつもなら午後から、仕事で映画の試写を観に行くのに、その日はくたびれていたので、家でぐだぐだしていたところに電話が鳴った。

「すぐに様子を見にきてほしい」という、さっき交代したばかりのヘルパーさんからの電話だった。

取って返すのも大変だろうから、と、良明が「ぼくが行ってくる」と言った。

「じゃあ、悪いけど、お願い」と言って送り出して何分も経たないうちに、今度はその良明から電話がかかってきた。

「やっぱりすぐに来てくれる？　麻理さんには、今、電話した」

麻理も父の家に向かったらしい。

たまたま夏休みで家にいた次男を助手席に乗せて「こういうときにかぎって信号に引っかかるんだよね」と舌打ちしながら車を走らせたが、自分でも不思議なほど、なぜか気持ちは落ち着いていた。「ああ、なるほど、こういう筋立てなんだな」と考えたりもしていた。

父の家に到着すると「車は停めとくから、早く行って！」と次男に促され、部屋に駆け込んだ。ちょうどひと足先に到着していた麻理が、訪問医の先生から「病院へは行かない。それでいいですね？」と確認されているところだった。ばたばたと走り込んだわたしも同じことを聞かれ、「はい、それでいいです」と答えた。退院して家に戻ると決めたときから、病院へはもう戻らないつもりだったので、わたしは冷静だった。

それが父の臨終だった。

「明日から頑張ろうね、って話したの、昨日の夜じゃなかったっけ」

あれこれ思い出してみると、きっと父を疲れさせちゃったんだな、と思う。座って、ニュースを見て、アイスキャンデーを食べ、慣れないするめをしゃぶって、話もして、笑って、それですっかり体力を使い果たしてしまったのだ。使い果たさせてしまった、と言ったほうがよいかもしれない。

取り返しはつかないが、あの前の晩の楽しい盛り上がり、まだまだこれからという興奮が、今思い返しても、夢のようだ。楽しい、本当に夢のような時間だった。

父に謝らなくちゃいけない。疲れさせちゃって、ごめんなさい。もうちょっと小出しに頑張らせればよかったんだよね。

今でもときどき考える。あの晩があったから、翌日死んでしまったのか。あの晩、麻理が残らず、父がするめもしゃぶらず、三人で笑ったり、翌日からの相談をしたりしなければ、父はまだまだ頑張れたのか。

死に目に会えたか、と言われたら、会えていないと思う。目を閉じた父の肌の色は、もう生きている人のそれではなかった。麻理はぎりぎり間に合ったんだろうか。

車を駐車場に入れた次男が部屋に入ってきて、父の様子を見るなり、号泣したのにはわたしも驚いた。声をあげて泣く息子を見たのは、小学校か幼稚園以来か。泣きながら「こんなに寂しいとは思わなかった！」と言った息子の声を忘れない。

ああ、本当だ、本当に「寂しい！」とそのとき初めて思った。

終章

父亡きあとに

父の最期を
見て

斎場で起きた笑い

父親が死んだことは、亡くなって四日後の七月十一日、身内で葬儀を済ませたか済ませないかのうちに、テレビ、ネットのニュースで広まった。正確に言うと、斎場で形ある父を見送り、お骨《こつ》になったところでもう一度呼ばれるのを待っている間。そこにいた親戚みんながそれぞれにふっと肩の力を抜いて「まあ、お茶でも」となったところだった。携帯でネットを見ていた従弟のひとり（彼は若い頃の父に顔がよく似ている）が「あ、出てるよ」と声をあげたのである。

「出た!?」

どこから情報が漏れたのだろう。父が亡くなったことは身内だけの葬儀を済ませたあとに発表するつもりだった。

次の瞬間から、妹の麻理と、父のマネージャーでもあった良明の携帯が鳴りっぱなしになった。電話が鳴り続けるので、電源を切ることもできず、どこへ連絡を取ろうにも取れなくなった。

全国ニュース、しかも速報で身内の死が報道されるというのは、なかなかあることではないと思う。事故でも事件でもない、ひとりの老人の死、である。ひと休みしてお茶でも飲もうと思っていた我々はそれぞれが全員、携帯でニュースを確認し、使える携帯端末で、父を送り出してくれた父の実家の寺に連絡を取った。実家の玄関前にはその時点でもう、マスコミの記者と思《おぼ》しき人たちが集まっている、ということがわかった。

そうこうするうちに斎場の人から「永さま！」と呼ばれる。結局、休む間も考える間もなく案内され、お骨を拾いに戻った。

お骨とは別に、「これ、どうなさいますか」と係の人に差し出されたのは、大腿骨頸部骨折のときに入れた、二十センチほどもあるチタンの代替骨と、その後、背骨を支えるために入れた、これも二十センチはある大きくて重いステンレスのブリッジとボルトだ。元はピカピカの金属だったのだろうが、焼けて茶色っぽく艶《つや》もなくなっていた。

そこまでの思いもかけない展開で、頭に血がのぼって緊張していたはずなのに、金属を見るやいなや、麻理と顔を見合わせて思わず笑ってしまった。

「こんなデカいものが身体の中に入ってたんだ⁉」とわたし。

「一応、いただいて帰ります」と麻理が係の人に答える。

目頭を押さえている叔母たち、従弟たち、父の孫たちに「ねぇ、見て見て！」と声を掛け、無機質な金属の塊を見せる。

「あらまぁ」

「すげぇ……」

みんなの口から感想が漏れるにつれ、お骨を拾う場に、ふっと笑いが起きた。

「これのおかげで背中の痛みがなくなったんだから、ありがたい。それにしても、こんなにデカいとは思わなかったねぇ」

「お骨と一緒に持って帰ります」と頼んだので、係の人がボルトをお骨と別に包んでくれた。


父のお骨はというと、これがまた斎場で用意されたいちばん大きな骨壺に全部入るのだろうか、と心配になるほどの量だった。

その場にいた人たちが、みな粛々とお骨を箸で拾っては壺に納めていく。その様子を見ながら、本当に全部入りきるのか、わたしはどきどきしていた。

そして骨壺はぎっしり満杯になった。蓋を閉める前に壺をのぞいた親戚一同が思わず「おおっ」とどよめく。

「八十歳をすぎた方で、こんなにちゃんとお骨が残る方もめずらしいですよ」

斎場の方に褒めていただいて、なんだかとてもうれしかった。お年寄りの多くは、焼くとお骨がさらっさらになってしまい、形になって残ることのほうが少ないらしい。


十四年半前の母の壺は、父のに比べると一回り、二回りも小さかった。

昭和ひとけた生まれにしては上背のあった父と、こぢんまりと小柄で娘たちからは愛情込めて「まめ」とか「ヒューマン・ビーン」とか呼ばれていたことがある母は、壺に入ってからも、ちゃんと生きていた頃の父と母らしかった。

なんたって父の憧れの夫婦は、アメリカ映画『グレン・ミラー物語』のジェイムズ・スチュアートとジューン・アリスンだったのだ。ひょろっと背の高い夫と、そのわきの下にすっぽり入り込んでしまいそうな妻。

「重いですから気をつけてください」と言われるほどにずっしりと重量感のある骨壺は、父にとっての初孫である、わたしの長男の胸に抱かれて斎場を出た。

お蔵入りとなった父の死発表の原稿

長男が生まれたとき、母が孫を溺愛するだろうことは簡単に想像できたが、父があんなふうに男の子の誕生を喜んでくれるとは思わなかった。書斎に座って原稿を書いているときには膝に抱き、居間のソファに横になっては胸の上に乗せ、そうやって寝ついたところを絵に描いた。

母からは、父がどんなに男の子をほしがっていたかという話を聞かされた。なーんだ、ふたりもいる娘はいらなかったってことか。やきもちを焼いても仕方がないのだが、その後、生まれた孫は男ばかりが全部で四人。その四人のタイプがそれぞれまったく異なることを、父は面白がっていた。

父はかつて自分が抱いた孫に抱かれて、わたしの従弟が住職を務める浅草の実家の寺に戻った。なにかを待っているマスコミと思しき人々の姿が寺の前に見えたが、車でガレージに入ってしまったので、長男の胸に抱かれた〝父〟をその人たちに見られることはなかった。

せっかく内々で葬儀を済ませて、落ち着いたところで正式に発表をしたかったのに、その前にニュースが流れるという、予想外の展開となってしまった。本当は葬儀が終わったら、その年の初めまで父がしゃべり、六月末で父の名前が外れたラジオの新番組で発表をするはずだったのだ。情報がどこからどう漏れたのかは結局、今でもわからない。あそこから漏れた、どうもあっち方面らしい、という話は耳にしたが、もうどうでもいい。

悔しいのは、孫たちも一緒に、家族みんなで父の死の発表の文言を考えて書いた原稿を、使う機会がなくなったことだった。ああでもない、こうでもない、こうしたほうがいいのでは、と、せっかく力を合わせて考えたのに。

というわけで、せっかくだから、以下に発表させてもらう。

永六輔が亡くなりました。

二〇一六年七月七日（十三時五十七分）、八十三歳でした。

再びラジオの番組で皆さまのお耳にかかりたいと自宅療養に専念しておりましたが、その思いを叶えることができませんでした。

六月末をもって『六輔七転八倒九十分』を終了すると決めてからも、皆さまにご挨拶の言葉だけでも届けたいと、回復に向けてリハビリの努力もして参りました。

しかしながら、徐々に気管の炎症が治まりにくくなり、肺炎により息を引き取りました。

お医者様のお話ですと「死因は〝肺炎〟としますが、〝老衰〟と言っていい状況です」というように穏やかな最期でした。

葬儀は身内だけで済ませました。

お別れの会を予定しておりますので、あらためてご報告いたします。

自分で行って自分の目で確かめる、自分で直接話を聞く。スタジオに持ち帰って自分の体験をリスナーの皆さまにお届けする。それを自らの指針として活動してきた永六輔にとって、晩年、パーキンソン病のために行動が著しく制限されたことは大変な苦痛だったに違いありません。

あそこに行きたい、あの人に会いたいと、よく口にしていました。

空いた時間にちょっと寄り道をして何かを発見するのが大好きな人です。車椅子を押してもらって、まっすぐ目的地だけを訪れる旅ではさぞ不満足だったことでしょう。

それでも、これまでに出会ってきた、よいお医者さまとよい医療スタッフ、よい仲間に全力で応援していただき、励まされ、永六輔として納得できる人生のしめくくりであったと思います。

皆さまには長い間、本当に心強い励ましをいただき、心より感謝申し上げます。

ありがとうございました。

葬儀の長い一日

浅草の実家から父の自宅に戻るのに〝父〟を見られてはいけない、見られたくない。こうなったらもう意地でもマスコミにつかまってたまるか。

そこで、実家からは三手に分かれて別行動を取ることになった。

実家の本堂で、とにかく〝父〟をいかに人の目に触れさせず、父の自宅まで連れ帰ろうか、と真剣に策を練った。なにも見られたからって、どうということでもないのに、わたしは自分でも笑ってしまうくらい、すさまじく意地になっていた。

でも、父はきっと面白がるんじゃないだろうか。ひとりの老人の死を、速報で発表してしまうマスコミを、父はきっと笑っていたと思う。誰かの訃報のすぐあとに、まったくトーンの異なる明るいニュースや新製品のＣＭにつなげて流すテレビを見ながら、父はよく「どうしてこんなことができるんだろう」と不思議がっていた。自分の訃報と悲嘆にくれる遺族の映像が、芸能人の結婚や猫のトイレ消臭剤と並べて流されることを、父はどう感じただろう。

わたしとしては、そんなことをさせないために、意地でも〝父〟をカメラの前にさらすわけにはいかなかった。

とりあえず麻理は孫たちを全員連れて、父のことを発表させてもらうはずだった生放送の番組、七月に始まったばかりのTBS『いち・にの三太郎』のスタジオに向かった。

良明は、自宅にある事務所にかかり続けているだろう電話応対のため、家に戻ることにした。

わたしは麻理の夫とふたり、葬儀屋さんの車に乗って、父の自宅に帰ることになった。白い布に包まれてずっしりと大きな〝父〟を、わたしの膝に乗せ、ドライブが好きだった父にも外の景色が見えたらいいのになあと思いながら、一緒に車窓を眺めた。

帰り道の途中、わたしの携帯電話が鳴った。わたしは携帯をめったに電話として使わないので、呼び出し音が自分のものだと気づくのに、しばらく時間がかかった。出ると、父の自宅の管理人さんからだった。

「玄関前にテレビカメラが何台か来ています。建物を出入りする人たちを撮影しているようなんですが」

同じ建物の居住者とはいえ、なんの関係もない人たちにカメラを向けるなんて、本当になんて失礼なことだろうと思った。カメラを持っている当人たちに悪気はないのかもしれないが、彼らに代わって、そのことをあとで謝罪するのは我々なのだ。

一方、事務所に戻った良明のほうも同じような目に遭っていた。事務所兼自宅に複数のテレビ局が来ていて、なにもご存じないご近所何軒かのチャイムを鳴らして呼び出し、話を聞いて回っていた、という。これもあとから、結局、我々が「ご迷惑をおかけしました」と謝って回ることになった。

麻理はTBSから「会見の場を作りましょうか」という提案をいただき、ラジオの生放送後に、カメラの前に引っ張り出されることになった。テレビ局でアナウンサーとして働いていた経験のある麻理だが、「あんなにたくさんのカメラとマイクに囲まれたのは生まれて初めてだった」と驚いていた。

わたしは父の自宅の管理人さんと電話で打ち合わせをし、とにかくカメラの前を通って玄関から入らないで済むように、裏のゴミ捨て場の扉を開けておいてください、と頼んだ。葬儀屋さんに、車のまま、建物の裏に回ってくれるように頼む。玄関前の人だかりを遠くに見ながら、ずっしり重い骨壺を抱え、なんとかゴミ捨て場から建物に入り、無事、部屋へ戻ることができた。

「テレビって、まったく傍若無人《ぼうじゃくぶじん》で無神経だな!」と怒りくるうわたしを部屋に置いて、冷静な麻理の夫が、時間をおいては、何度か階下にある建物の玄関まで様子を見に降りてくれた。

「まだ玄関前にカメラがいるよ」という報告を聞きながら、夕方のテレビのニュースをつけたら、まさにその玄関が映った。

「うわぁ、ここだよ。映ってるよ」

わたしのことを気遣ってか、わたしが怒り出す場にいるのを避けたいのか、そのあとも彼は何度か下に降りては偵察してきてくれた。

「あと二人か三人かな。だいぶ減ったみたい」という報告を受ける。麻理の会見があることがＴＢＳからテレビ局各社に伝えられてからは、建物の前から少しずつカメラはいなくなっていった。

「ありがとう。お疲れさま。ここはわしが残るから帰っていいよ」

「ここは俺に任せて、お前は逃げろ！」と言う映画の登場人物になった気分。「本当に残らなくていいのか」「食べるものはあるのか」と心配してくれる麻理の夫には「大丈夫、一週間くらいなら籠城《ろうじょう》できる」と答えて、とりあえず帰ってもらった。


毎日通っていた頃と同じ、父が一日の大半をすごしていた部屋に〝父〟とふたりになった。葬儀屋さんが設えてくれた台に〝父〟を置き、とりあえずお焼香する。父が寝ていた大きな介護用のベッドは、葬儀に出かける前にうちの男たちが解体してどかしておいてくれたので、居間はいきなり広くなっていた。

レンタルの医療機器は大部分が引き取られてなくなっていたし、医薬品を揃えて入れてあった大きなプラスチックケースも中身は空っぽになっていた。つい今朝まで、部屋の中には動かないとはいえ、父がいた。大きくて存在感のある父だったが、今はお線香の煙の向こうで、それなりに小さくなっている。

動かなくても、しゃべれなくても、父がそこにいてくれるだけでよかったのに、と思った。

二〇一六年七月一一日、葬儀の長い一日が終わった。

死の七ヵ月後に実感した父の死

父が亡くなってから、時間的な感覚がほとんどなくなった。今日は何月何日何曜日だっけ、と考えることが多くなった。これは、加齢の影響だけではないと思う。

四十九日は七日×七週間で、人が亡くなってからの一区切りとされる日だ。遺された人たちもそこらへんでほっと息をつけるはずの日数なのだろうが、これはわたしにとっては短すぎた。

時間の感覚が薄れるなかで、一ヵ月×七の七ヵ月後、二〇一六年七月に父が死んで、その年が明けた二〇一七年一月、二月頃になって、ようやく父の死に対して実感が湧いてきた。

「ああ、死んだんだ。もういないんだ」

そう思ったら、とたんにインフルエンザにかかってしまった。

それまで父の間近にいた数年の間、父に感染《うつ》したら大変だからと、きっと気を張っていたのだと思う。父の周りの人たちには「父に感染るると困るから予防注射をしてください」と頼んで、夫から孫から注射を受けてもらい、わたしもインフルエンザはもちろん風邪もひかなければ、具合が悪くなることはほとんどなかった。

これからは熱が出たり、咳やくしゃみが出ても、父のことを心配しなくていいんだ、というのは気が楽だったが、七ヵ月後のインフルエンザによって父の不在をあらためて思い知らされた。高熱で伏せると同時に、精神的にはかなり参った。


大きな存在を失くした、という実感がじわじわと迫ってきた。母のときももちろん心に大きな穴が開いたような喪失感はあったのだが、またそれとは違う感覚に打ちのめされた。

途方もなく広大な砂漠に、ぽーんとひとり放り出されたという感覚。周囲には砂以外になにも見えない。目印が見えないので、先に進めない。かといって、後ろにも退けない。じっとしているわけにはいかないことだけはわかっているのだが、方向感覚もなくなったようで、どちらに向かって進めばよいのかが、さっぱりわからない。そんな感じだ。

本当に恥ずかしいことだが、この年齢になって初めて、自分がひとりで立っていたわけではないことを思い知らされた。

最後まで楽しかった介護

「あなたが疲れないように」

「あなたが大変な思いをしないように」

介護中に、わたしの眉根にしわが寄り始めると、父は繰り返しこう言った。しかめっつらをした人間に面倒は見てもらいたくない、という父の考え方だったと思う。どんなことでも、やるなら楽しまなければ。嫌な顔をしてやるくらいなら、やらなくていい、と。

父の介護は本当に最後まで楽しかった。

無理をして言っているわけではない。体力的につらいこともあったし、いつまで続くんだろうという不安に襲われたこともあった。

でも、やっぱり楽しかった。

父と麻理と三人で笑ってすごした最後の夜、七月の六日は母の月命日だった。あのとき、母も一緒にいたのかもしれない。父を文字通り、死ぬほど疲れさせてしまった、あの夜。なんだか、父がとても元気で、話をして笑って、あれは母が我々の近くにいたからかもしれない。何年ぶりかで、家族四人ですごすことができた、あれが本当に最後の夜だったのだ、と振り返ってみて思う。


母は、死ぬには若かった。母が六十八歳で死んでから、母が重ねられなかった年齢を重ねた人たちを目にするたびに、彼らを敬《うやま》う気持ちが生まれた。子どもが生まれたときに、自分の子だけではない、よその子も同じように愛しいという気持ちになったのと同じ感覚だ。

父が死んだときに生まれた感情は、母のときと違った。父は十分に年を重ねたと思うから。斎場で目を開かない父に、最後に「本当に楽しかった！」と声を掛けた。父の子に生まれて、本当に楽しかった。

これはどんなに感謝してもしきれない。

父の最期を見て

父を見送ったあと、ときどき考える。

父の介護をしていた間、我々はどこを目指していたのだろう。

父の思いに我々は寄り添うことができていたのだろうか。

わたしの見栄で父を振り回してしまうことがなかっただろうか。

高齢者の介護、看護の最後は死である。両親を自宅で看取ることができて、個人的には、とてもよかった、と思う。

「病室みたいな寂しいところに置いておくわけにいかない、母は家に連れて帰る」と麻理が言ったように、施設という選択肢もありながら、父はわたしが家に連れて帰ると決めた。一方、言い出しっぺの自分に行動力が伴わないことは、本当に自分でも歯がゆかったし、結果的に、大勢の人の手を借りることになった。

父自身の蓄えのおかげで、経済的な不安はなかった。麻理、良明、わたし、身内だけでもとりあえず三人の手があった。仕事があったり、学生だったり、すぐに動けないとはいえ、それぞれの家族、孫たちがいることも心強かった。我々を支えてくれる訪問医、訪問ナースさん、ヘルパーさん、ケアマネージャーさんがいた。通院していた病院のそれぞれの主治医さんたちも、家に戻ってからも相談できる頼りになる方たちだった。父のことを思ってくださる方たちが大勢いた。

なんと恵まれた環境だったか、と思う。

なにより、父自身が最後の最後まで、自分の置かれた立場を少しでも楽しもうとする姿勢には本当に救われた。そんな父のおかげで介護ができた、と言える。

誰もが在宅で看取られるべきだとは思わない。病院のほうが気が楽、施設がいい、という人がいてもおかしくない。父は我々のことを心配してか、結局「帰りたい」と言葉にはしなかった。はっきり「うちに帰る」と言ってくれれば、わたしの覚悟もさらに固まったとは思うが、病院にいることが父のためによいとは、周囲の誰も思っていなかった。

父の最期を見て、わたしは自分の最期をどうしたいか考えるようになった。家で最期、というのは正直言って大変だな、と思っている。まだもう少し時間はありそうだから、しっかり考えて、しっかり決めて、家族に伝えておこう、と思った。生きているうちに、年を取るにつれ、考え方は変わっていくかもしれないが、機会をとらえては、その都度、家族と話しておきたい。

家にいない父

父が自宅で亡くなったとき「ご本人は亡くなったことに気づいていないかもしれない」と訪問医の先生がおっしゃった。本当に「あっ」という間に逝ってしまったことを考えても、最後までせっかちな父だった。

最期の三ヵ月は自宅で療養していたから、亡くなって、父のいた部屋から酸素吸入器などの医療器具がなくなり、大きな病院仕様のベッドがなくなり、医薬品の入っていたケースがなくなり、なにより、そこにいたはずの父がいなくなっているのに、父がいなくて悲しい、寂しいというよりは「あれ、またどこかに行ってるんだ」という感覚しか残っていないのが正直なところだった。

父は本当に家にいない人だった。

父の足腰が弱り、ひとりではなかなか出歩くことができなくなってからの年月は、我々家族にとって、これまでの父の不在を埋めるに充分な濃密な時間だった。だからこそ、また今、父の姿が見えないことは、我々には昔と同じ〝父の不在〟でしかない。

死んでしまった、という認識と、「そのうちひょこっと帰ってくるんじゃないか」という思いが消えずに未だに残っている状態は、さすがに自分でもそろそろなんとか整理したいと思っているのだが、難しい。いわゆる喪が明けるのに、どれだけ時間がかかるのか、わからない。

父自身は、以前にも増して〝身軽に〟動けるようになったのだから、北海道から沖縄まで、ときには外国まで、好きなところへ行って、会いたい人に会って、旅を楽しんでいるのではないだろうかと思う。会いにこられた方は驚くだろうが。

家にいない父、いつも誰かと、どこかにいるのが、我々にとっての父だった。

父との〝再会〟を楽しみに

思い出すことを脈絡なく並べて書いたメモを、ここに少しまとめさせてもらえたことで、ほんの少し気が楽になった。

しかし、実を言えば、メモは整理できたどころか、結局、増え続けている。ここまでわたしの個人的作業に付き合ってくださった方たちには感謝申し上げるが、どれくらいの時間がかかるかわからないあとの作業には、ひとりで勤しみたい。もしかしたら死ぬまで終わらないかもしれない。

父の不在を実感するのは、朝、父の家に行かなくて済むこと。それでもやはりときどき「行かなくちゃ」と思うことがある。休みのない父の家への通勤は気力体力を使うものではあったが、同居していたら、もっと大きな喪失感を味わっていたかもしれないと思う。父の家もいずれ手放すことにはなると思うが、あそこにまだ父が〝いる〟と思えば、寂しさは半減する。

寂しいと言えば、ナースさんやヘルパーさん、夜中の見守りさん、そして毎月通院していた病院の先生方に、ときどき無性に会いたくなる。長らく〝孝雄〟を担当してきたので、人前に出たり、人前で話をしたりする〝六輔〟ではなく、病院の診察室で、病気の話はひとつも聞かずに、先生と楽しそうに話をしていた父ばかりが思い出される。だから、そんな父を間近に見ていた人たちに会いたい、と思う。

ちなみにケアマネージャーさんとは、今でも犬の散歩友だちだ。

あまりにすっと死んでしまったので、父は自分が死んだと思っていないかもしれない、という看取ってくださった訪問医の先生のお話が、ちょっとうれしくて、そこに「ひそかな期待」を抱いている。

実は、ひとつ、楽しみなことがある。

わたしは死んだ父方の祖父、浅草のおじいちゃんに地下鉄の中で〝会った〟ことがある。死んで何年か経っていたのに、祖父はかつてと変わらない静けさと穏やかさをまとって、地下鉄でシルバーシートに座っていた。思わず「おじいちゃん！」と声を掛けそうになった。

わたしは実は、母にも〝会って〟いる。母が死んで数年経った頃だったろうか。普段歩きなれた道の交差点の向こう側に、母がいた。母は、わたしとは向かう方向が違ったので、わたしから声を掛けることはできず、母はわたしに気づかなかった。

　祖父も、母も、元気そうだった。ああ、元気なんだな、と思ってうれしかった。悲しいのは、向こうがわたしに気づいてくれないことだ。それが〝死ぬ〟ということなんだ、と、ふたりに会ったとき、わかった。

　こういう経験をする人は、きっとわたしだけではないと思う。

　さて、わたしはいつか自分が死んだと思っていない、「そのうち帰ってくる」はずの父にも〝会えそう〟な気がしている。いつ会えるか、どこで会えるか、わからない。祖父や母を見かけたわたしの経験から言えば、死んだ人はこちらに気づかない。それでも楽しみなのは、わたしに気づかないはずの父が、ひょっとしたらわたしの顔を見て「なんでこいつは自分にそっくりなんだ!?」とぎょっとしてくれるのではないかと思うからだ。

そうなったらしめたものである。

こんなに自分が、父のことを好きだったなんて、今さら認めるのも恥ずかしいが、今度、もしそうやって会うことができたら、向こうがこちらを覚えていようがいまいが「楽しかった、だけじゃないよ。大好きだったよ！」なんて、しれっと言ってみようと思う。

おわりに 上を向いたときに、夜の星を見上げたときに

人前に出るのが苦手なわたしの代わりに、お別れの会では、麻理が喪主の挨拶を読んでくれた。最後に、その挨拶の一部を書いておきたい。

父が亡くなったことが「ニュース速報」になるとは思ってもいなかった。その日の夕方から、翌日の朝、テレビのスイッチを入れると、父の写真がいきなり画面に大きく映し出された。気の小さいわたしは、その人が死んだことも忘れ「なんだ、なにをやらかしたんだ、この人は？」と身もすくむ思いだった。メディアには、我々の知らない父の写真、我々の知らない父にまつわる話があふれかえった。

我々が看取った、あの老人は、いったい何者だったのだろう。

聞いたり読んだり見たりした話で、父の姿はどんどん大きく、巨大になっ

ていった。大きくなっていく父は、同時にどんどん遠い存在になっていった。

姉と妹で感じ方が違うのは当然と言えば当然だが、連日の報道、皆さまからのお悔やみ、慰めの言葉などいただくうちに、喪主であるはずのわたしは死んだ老人が自分の父親とは思えず、ひきこもりがちになった。一方、妹は冷静に気丈に対外的な対応をこなした。

悲しむ間もなく、ばたばたすごした我々のこんな状態をいちばん面白がっていたのは、当の父だろうと思う。なにより面白いこと、楽しい話が大好きな父だったから、葬儀もこのお別れ会も「もっと盛り上げよう」「段取りが悪い」「笑えなかった」などなど、いろいろ注文もあることだろう。

いちばんの仕切り屋、舞台監督がいなくなってしまった。父の都合で仕切られているときには「面倒くさいな」と思っていたが、仕切ってもらえなくなると急になにをどうしたらよいのかわからなくなる。

まだもうしばらくはわからないまま進んでいくしかない。

もうちょっと経てば、少し落ち着いて、父の思い出にもひたれるかと思う。

そして、どうか皆さまの心にも、父の思い出が残りますように、と思う。

たまに、ふっと上を向いたときに。
夜の星を見上げたときに。
湯気が天井からぽたりと落ちたときに。
遠くへ行きたいなと思ったときに。
京都《きょうと》大原三千院《おおはらさんぜんいん》を訪れたときに。
そんなときに、父のことを思い出していただければ幸いだ。

永 千絵 えい・ちえ

映画エッセイスト。1959年、東京都生まれ。

永六輔(本名・永孝雄)の長女。

成城大学文芸学部英米文学科卒業。

著書に『永家物語』(父・六輔、祖父・忠順との共著、PHP研究所)、

『いつもの場所で』『親子で映画日和』(ともに近代映画社)。

雑誌『SCREEN』(近代映画社)、カード会員誌『VISA』、朝日新聞等に連載。

現在、夫、息子2人、犬1匹、猫3匹と同居中。

企画・編集　中野一気（中野エディット）
構成協力　川上朋子、松村バウ（中野エディット）
取材協力　瑞 佐富郎
写真協力　大石芳野　写真初出／『レンズとマイク』（永六輔、大石芳野共著 藤原書店）
中井征勝
TBSラジオ
カバー写真　中井征勝
ブックデザイン　鈴木成一デザイン室
本文DTP　G-clef（山本秀一＆深雪）

父「永六輔」を看取る

二〇一七年八月一〇日　第一刷発行

著者　永 千絵
発行人　蓮見清一
発行所　株式会社 宝島社
〒一〇二-八三八八 東京都千代田区一番町二五番地
電話 営業〇三-三二三四-四六二一
編集〇三-三二三九-〇六四六
http://tkj.jp
印刷・製本　サンケイ総合印刷株式会社

ISBN978-4-8002-6959-1